SV

Band 1413 der Bibliothek Suhrkamp

Petrus Christus, Bildnis einer jungen Dame, um 1470
Bildarchiv Preußischer Kulturbesitz, Berlin. Foto: Jörg P. Anders

Thomas Brasch
Was ich mir wünsche

Gedichte aus Liebe
Auswahl und Nachwort
von Thomas Wild

Suhrkamp Verlag

8. Auflage 2025

Erste Auflage 2007

Umschlaggestaltung: Willy Fleckhaus
Satz: Satz-Offizin Hümmer GmbH, Waldbüttelbrunn
Druck: Pustet, Regensburg
Printed in Germany
ISBN 978-3-518-22413-7

Suhrkamp Verlag GmbH
Torstraße 44, 10119 Berlin
info@suhrkamp.de
www.suhrkamp.de

Was ich mir wünsche

Asche und Diamant

Geh nicht weg, sagte sie.
Der blaue Himmel im Kino und die Welt die nicht mehr ist, wie sie nie war.

WENN DIE SCHNELLEN WINDE WEHN
in den warmen Nächten
wollen wir über die Trümmer gehn
in den warmen Nächten
Deine Hand in meiner, Lisa
deine Haut an meiner
schneller Lisa, schneller
uns sieht keiner

Wenn der weiße Mond aufgeht
über den Ruinen
siehst Du wie die Nacht sich dreht
über den Ruinen
Deine Hand in meiner, Lisa
Deine Haut an meiner
weiter Lisa, weiter
uns sieht keiner

Wenn unsre Mäntel nicht mehr schwer
auf unsern Schultern liegen
wenn sie zwei Segel unterm Wind
werden wir fliegen
deine Hand in meiner, Lisa
deine Haut an meiner
höher Lisa, höher
uns sieht keiner

WENN ICH DICH BEGEHRE GEGEN JEDE VERNUNFT
wenn ich in dir suche meine Unterkunft
wenn ich das Sehnen und die Sucht benenn mit deinem Namen
und denke, es war gestern, als wir zu uns kamen
wenn ich in meiner Liebe ganz verfangen bin
und alle meine Wünsche wandern zu dir hin
was kann denn daran unvernünftig sein,
wenn wir nicht uns, nur der Vernunft jetzt sagen:
Bleib allein.

WAS ICH HABE, WILL ICH NICHT VERLIEREN, ABER
wo ich bin will ich nicht bleiben, aber
die ich liebe, will ich nicht verlassen, aber
die ich kenne will ich nicht mehr sehen, aber
wo ich lebe, da will ich nicht sterben, aber
wo ich sterbe, da will ich nicht hin:
Bleiben will ich, wo ich nie gewesen bin.

Was ich mir wünsche

Von Wonders Liedern das traurigste
über den Untergang der Stadt New York
abgespielt auf einem Plattenspieler in der Hester Street
von Brechts Gedichten das schönste
geschrieben in der Charité 2 Tage vor seinem Tod
über den Gesang der Amseln nach seinem Tod
von Shakespeares Theaterstücken das komischste
über den Prinzen hinter dem Schutz seines Wahns
verfallen dem Rationalismus und einem langweiligen Gespenst
von den Nächten die hellste vor dem KaDeWe
die Zeitungsfrauen gehen ihren Weg der Tagesspiegel ist da
der Himmel flach und
von deinem schönen Körper das Knie

SIE HAT EINEN MANN, SAGT SIE UND
sie hat ein Kind, sagt sie und
sie will eine große Schauspielerin sein, sagt sie und
sie will nicht verlieren, was sie hat und
sie will bleiben, wo sie ist.

von ihren Lippen Blut
auf der Zunge
aus ihrer Lunge Atem
in der Lunge

Keiner darf es wissen, sagt sie und
sie hat nichts getan, sagt sie und
hast du jetzt genug, sagt sie und
morgen kommt das neue Auto, und
übermorgen kommt mein Kind aus dem Krankenhaus.

von ihren Nägeln im Fleisch
der Riß
von ihren Zähnen im Hals
der Biß

Ich habe geträumt, daß ich sterbe, sagt sie und
jetzt muß ich gehen oder er wird mißtrauisch,
was willst du, daß du so ausdauernd bist, sagt sie und
es ist wie im Kino und
es ist zu spät.

geboren verloren
in den Nacken ein Hieb in die Augen ein Stich
Dreck in den Ohren:
ich   dich

OFT BIST DU DER, DEN ICH LIEBE
oft bist Du der, den ich hasse
viel seltener jedoch.
Auch der bist Du, vor dem ich
mich fürchte.
Du bist der, der mich schlägt
du bist der, der mich streichelt
du bist der, der mir sagt, wer
ich bin
du bist der, der mir sagt, was
ich kann.
Du bist der, der schreit
und du bist der, der flüstert.
Alles bist du.
Aber nie wirst du der sein,
der immer hier bleibt.

DU WILLST, DENKE ICH, SO GELIEBT SEIN
wie dich, denke ich, ziehts ins Herz
Du willst, denke ich, eins sein zu zwein
und was denken sehr himmelwärts.

Ich will, denkst du, sehr betrübt sein
wie du, denke ich, es nie wirst
Ich will, denke ich, daß mein Herzstein
an deinem Steinherz zerbirst.

Anna

Anna, komm, mein warmer Stein
leg dich in mein Kissen
trink von mir und trink vom Wein
morgen werd ich nichts mehr sein
nur das mußt du wissen.

Die große Ruhe alter Morde

Im letzten Akt die Schatten drängten in den Schatten:
Erhoben ihre Fäuste riefen sie: Verändert diesen Staat.
Blut brach aus ihren Mündern, als die Ratten
auf sie stürzten. Keiner wußte Rat.

Ach, Achtundsechzig, sagte sie, das war ein Jahr
und lehnte sich als angingen die Lichter, weit zurück
im rotgepolsterten Theatersessel. Ach, mein Himmel war
ganz offen, jetzt bleibt mir nur noch ein Theaterstück.

Und nur ein schlechtes, sagte sie,
ihr weiches Haar an seinem Hals.
Sie roch nach Schweiß Erinnerung, ihr spitzes Knie
zog sie zur Brust, sprach lauter vor Erinnerung, als

sie auf seinem Bett saß, abstreifte das Kleid:
Ach, Achtundsechzig Kampf mit Stock und Stein,
war das der Sieg über die Einsamkeit.
Sie legte ihre Hand auf seinen Rücken: Nein.

Sie hörte nicht zu reden auf auch als er kleinhackte den Schran
das Bett zerbrach, ihr Kleid zerriß:
Auch du bist Untermieter nur in diesem Land und krank,
schrie sie, als er sie aus dem Fenster schmiß.

BRUNKE HAT BEI FRAUEN KEIN GLÜCK
sie finden keine Ruhe in seinem Arm
viel zu schnell fällt er in sein Kissen zurück.
Ach, daß sich eine Brunkes erbarm
und legte ihn still in Watte
und trüge ihn schnell in ihr Haus
und lehrte ihn Worte, die er längst vergessen hatte
und ließe ihn nie mehr heraus.

WENN ER AUSGEHT TRÄGT BRUNKE EINEN
BLAUEN ANZUG
und um seinen Hals trägt er einen dünnen Strick aus Hanf
sorgsam gebunden schneeweiß gefärbt schön schön Brunke
auch der Hut sehr weich aber ein wenig zu groß
über die Augen rutscht er die weißen Augen wenn
er ausgeht Brunke der Hut und dann sieht er nichts mehr
wohin kann er sich aber noch wenden
in welchem dreckigen Teich wird dieser Spaziergang enden

BRUNKE GEHT WEIL ER SICH BEWEGEN WILL
er läuft von Deutschland in die Schweiz
jetzt kommt er an es wird sehr still
die Kneipe nennt er jetzt Beiz
dieser Reim ist oberflächlich und glatt wie ein Aal
sagt Brunke und steht an der Limmat sehr neutral
Brunke geht nur weil er sich bewegen will
und steht still

ICH BIN DER SCHAUSPIELER BRUNKE
Zur Vorstellung fahre ich mit der S-Bahn.
Die Leute starren mich an (sie kennen mich aus dem KINO).
Wenn ich auf der Bühne stehe, sehe ich keinen.
Ich möchte den Karl Moor spielen.
Die modernen Stücke gefallen mir nicht.
Meine Frau gefällt mir nicht mehr.
Beim Fernsehen verdient man viel Geld.
Das Alter spielt eine große Rolle.
Meine Stimme eignet sich für Hörspiele.
Ich bin der Typ des zögernden Denkers.

BRUNKE VERKLEIDET
als Brunke. Und Brigitte saß
weit von ihm als er auf dem Podium saß und
da saß er aber er erkannte sich nicht wieder mit
ihren Augen aber er saß noch immer auf dem Podium und
saß und las für seine Freundin zwischen den
fremden Menschen hat sie gesessen als
er verkleidet war
Brunke als Brunke Brigitte sah
ihn fremd an aber war immer noch da

BRUNKE SAGT: KLAMMER AUF KLAMMER ZU
haben Sie Angst vor was anderem ganz und gar
was anderes was ist das
ich hab mir abgeschnitten bevor es ausgefallen ist mein Haar

BRUNKE HAT ANGST
vorm Krieg. Denn: alle reden jetzt
vom Krieg. Und

in der Zeitung steht: Vielleicht kommt
Krieg. Und

Brunke sieht im Kino einen Film über
den Krieg. Auch

Brunkes Vater redet vom Krieg, aber
über den letzten Krieg. Doch

die Platzanweiserin sagt: Ich weiß
nichts vom Krieg. Der Vater

geht aus dem Kino beim Film über den
Krieg. Brunke geht

mit der Platzanweiserin in ihre
Wohnung. Sie reden vom Krieg,

als er in ihren Armen einschläft, träumt
er vom Krieg:

was ist das für ein Krieg, fragt Brunke,
und

kommt der Krieg jetzt mitten im
Krieg.

Was ist ein Frieden wert,
der auf den Kopf nicht stellt
den ganzen Bau, auf daß er uns
nicht überm Kopf zusammenfällt

ANTWORTEN SIE, HERR BRUNKE!

Die Welt ist gar nicht weiß und das will ich auch
nicht wissen ist nicht weiß aber ein schönes grau
überzieht sie und grau ist auch eine Farbe
ist das ohne rot ohne blau ohne grün ohne gelb das schon
gar nicht aber gefragt woher ich komme aus welchem Land
welcher Farbe antworte ich aus dem grauen Land der Farbe
in meiner Hand

JETZT IST BRUNKE
berühmt. Jeder kennt ihn. Er ist
bekannt und wird schon vermißt
Keiner gibt ihm mehr die Hand
jetzt ist er schon wieder unbekannt

BRUNKE WILL
schlafen. Weil Brunke träumen will. Er legt sein Kissen
auf die Treppe im Bahnhof Zoo. Brunke will nicht mehr wiss
was wem geschieht und wo. Das geschieht sowieso,
sagt Brunke

BRUNKES LIEBLINGSGEDICHT
ist sehr kurz. Es handelt
von einer Frau mit blutigen Händen. Die steht
auf dem Flur einer Schule. Neben ihr Brunke
tot, in der Hand seinen Füllfederhalter. Das Motiv
der Mörderin verschweigt das Gedicht. Dafür ist es aber
gereimt und klingt wie eine geheime schöne Melodie.
Sein Titel heißt Vergißmichnie.

Schlaflied für K.

Nacht oder Tag oder jetzt
Will ich bei dir liegen
Vom schlimmsten Frieden gehetzt
Zwischen zwei Kriegen

Ich oder wir oder du
Denken ohne Gedanken
Schließ deine Augen zu
Siehst du die Städte schwanken

In den Traum oder Tod oder Schlaf
Komm in den Steingarten
wo ich dich nie traf
will ich jetzt auf dich warten

Vita
nach rolf dieter brinkmann

1
im moor sah ich nach dem krieg oft
strafgefangene im torf graben es war
eine moorindustrie in der gegend um vechta wo
ich 1940 geboren wurde und
meine kindheit in nazigesellschaft zuerst und
später unter englischer besatzung verlebt wurde im krieg
gab es noch einen großen flughafen für die waffen und
für die katholisch verseuchte bevölkerung die producierte
vorwiegend hühner und masthähnchen oder war angestellt
in einem der großen zuchthäuser oder
lehrend tätig in der pädagogischen hochschule respective
der landwirtschaftsschule zwischen münster und oldenburg ein
riesiges eiergebiet im herzen unserer heimat (der torf ist inzwis
chen fast völlig erschöpft und die kuhställe zu
nightclubs umgebaut)

2
meine mutter leitete die küche im schloß schwarzenraben und
kehrte dorthin oft zurück nach dem krieg
in ihren gedanken und erzählungen als
sie köchin war auf dem flugplatz vechta ihre eltern
waren bauern mit dem namen ackfeld sie starb 1957
1958 ging ich von der schule ab und besuchte
die weltausstellung in brüssel acht jahre später
heiratete ich m. kramer und mein sohn robert wurde geboren
(beide teilen sich seit meinem tod
die urheberrechte an meinen veröffentlichungen)

3
zwei jahre bevor thomas brasch
in die bundesrepublik herübersiedelte ließ ich mein leben
zu seinem verdrusse unter einem personenkraftwagen
in london jetzt muß er gedichte montieren wie dieses
aus meinen bewerbungsunterlagen
für eintausend mark honorar

4
das leben ist etwas schwerfälliges häufig
möchte man rufen
HALT STOP ANHALTEN

Halb Schlaf

Für Uwe Johnson

Und wie in dunkle Gänge
mich in mich selbst verrannt,
verhängt in eigne Stränge
mit meiner eignen Hand:

So lief ich durch das Finster
in meinem Schädelhaus:
Da weint er und da grinst er
und kann nicht mehr heraus.

Das sind die letzten Stufen,
das ist der letzte Schritt,
der Wächter hört mein Rufen
und ruft mein Rufen mit

aus meinem Augenfenster
in eine stille Nacht;
zwei rufende Gespenster:
eins zittert und eins lacht.

Dann schließt mit dunklen Decken
er meine Augen zu:
Jetzt schlafen und verstecken
und endlich Ruh.

Vor Wort für Heine

Das Lieben hat ihn krank gemacht
Die Krankheit liebte ihn
Hat ihm sein Lächeln ausgelacht
Und ihn in den Tod geschrien

Dein Zivilis steckt an und heilt
Mich hat sie in mein Land vertrieben
Hier werden Küsse ausgeteilt
Wie Schüsse und das nennt man: Lieben.

Mein Lehrer W. N.

wohnt in der Lohmeierstraße. Zu seinen Füßen
die Schüler lassen sich keine Silbe entgehen. Er kann
laut denken Geschichten in einer Sprache, die
keiner versteht außer ihm. Aber

die Schüler erzählen sie weiter und bringen
ihm Grünen Tee und Schwarzen Afghanen. Sein
Auskommen ist gesichert: Sozialhilfe. Er rührt keinen Finger.
        Nur
seinen Mund öffnet er: von Zeit zu Zeit. So

lebt er seit sieben Jahren. Er hat eine neue Ästhetik erfunden:
LebenErinnernSprechenVerkaufen. Wenn
ich mich an die Schreibmaschine setze, lächelt er mitleidig und
geht schnell aus dem Zimmer.

Der Tod des Isaac Babel

Nur um das Leben das einzige ging er
zu betteln. Unterm Arm den Koffer
aus Pappe von einer Kneipe der Geheimpolizei
in die nächste. Überm Wodka verfluchend
die aufgeschriebenen Wörter. Im
Mantel aus Pelz durch die Hauptstadt der Nacht
sein Gelächter: Über die Helden, die aufrecht sterbenden
Tiere: Nehmt sie hin: Verbrennt
meine Bücher: Ein Wanderer will ich sein durch
die Rinnsteine oder ein Bauer hinter Odessa: Nur
das Leben das einzige und kein Wort mehr
mit meiner Hand. So versprach ers. Staunend
zwischen dem brodelnden Bier
die Polizisten: Isaac Babel, der jüdische Reiter
des Aufstands ein plärrendes Kind jetzt zwischen
den Jägern, der Jagd zu entgehn. Vor Hinter Unter
den Toren der Hauptstadt zwischen den Lastkraftwagen
wachsen die weißen Berge aus Fleisch: Mitschuldig
will ich sein: Nur um das Leben das einzige.

So griffen sie Babel. In seinem Koffer
die Zahnbürste: Sie warfen ihn über die Hürde
tot. Wer steht gegen ihn auf. Wer übersetzt
in meine Sprache das Wort: Würde.

3 Wünsche für C. W.

1
Der Ort der zwischen hier und Wiederort
dich immer gehen aber nie vergehen läßt.
Bleib, ruft er dich, bleib endlich fort.
Ich will dein Land sein. Sei mein Rest.

2
Das Wort, das jeder buchstabieren kann,
der es nicht schreibt, weil jeder es versteht.
Nie heißt es Ich, oft Du und manchmal Wann
Hast Du mich endlich mir ganz zugedreht.

3
Die Zeit, die zwischen Jetzt und Dunkelheit
sehr plötzlich unaufhörlich dauert, ja
als öffne sie dir deine Türen einmal weit
und steht. Jetzt bin ich wieder da.

MEINLAND LIEBEN, ABER HASSEN,
wie sichs darin lebt
als wärs Keinland doch verlassen
will ichs nicht. Es klebt

mir an meinen Schuhen und
mein Weggehn schwer
aber spricht aus meinem Mund
und macht meine Hände leer.

UND WENN WIR NICHT AM LEBEN SIND
dann sterben wir noch heute.
Die Liebe stirbt, du lebst, mein Kind
die Mädchen werden Bräute.

Ach, wenn ihr mich gestorben habt
lebt ihr mich weiter heute.
Gemeinsam wird 1 Land begrabt
und einsam sind die Leute.

DIE REIME SIND SCHÖN SIE BELÜGEN DICH
Das macht sie ähnlich deinen zwei Ländern
Sie zwingen dich Und sie fügen sich
Was willst du immer noch an beiden ändern

Das unmögliche Gedicht

Das Unvereinbare will ich in ein Gedicht: Deine
schmalen weißen Hände und das Gesetz, das dich zur Ware
macht,
die einfache Schönheit eines Reimes und
der blöde Taumel meiner wirtschaftlichen Verhältnisse, mein
Erschrecken vor dem kleinen grauen Hund und
meine Freude über den Tod der letzten regierenden Leiche.

Für dieses Gedicht (ich kann es nur denken)
würde ich meine Schreibmaschine verschenken.

DEN EIGENEN WORTEN AUS DEM SINN
dem eigenen Gesicht meinen Rücken gekehrt
mich teuer verkauft ohne Gewinn
um Liebe gejammert, doch mich selber entbehrt.
Mein eigenes Haus zum Theater gemacht
drin eingeschlossen und ausgedacht.

DAS FÜRCHTEN NICHT UND NIE DAS WÜNSCHEN
darf mir abhanden kommen, auch mein täglich Sterben nicht
das seellos süchtig sein auf keinen Fall
nur hirnlos reimen wie ein Wicht muß beendet werden

da ist ein Gott und setzt sich zwischen alle Stühle
er sieht genauso aus wie ich mich fühle

SCHLIESS DIE TÜR UND BEGREIFE,
daß niemandem etwas fehlt,
wenn du fehlst, begreife,
daß du der einzige bist der ohne Pause
über dich nachdenkt,
daß du die Tür schließen kannst
ohne viel Aufhebens und ohne Angst,
es könne dich einer beobachten.
Dich beobachtet keiner.
Du fehlst keinem.
Wenn du das begriffen hast,
kannst du die Tür schließen hinter dir.

WEIL ICH DAS EIGENE VERLOREN HABE
kann ich nichts mehr schreiben. Jeder
meiner Gedanken ist mir ganz fremd
und unnütz. Deshalb lasse ich ihn
gleich versinken, wenn er auftaucht.
Zuviel geredet.
Zu selten geschwiegen.
Und Angst immer. Vor allem und vor jedem.
Vor dem Verlassen und dem Verlassenwerden.
Vor der Gesellschaft und vor der Einsamkeit.
Vor meiner unnachgiebigen Verteidigung einer
unwürdigen Unabhängigkeit.
Und immer der Gedanke an Sterben.
Als meine Mutter meine Hand nahm im Auto
am Tag bevor ich ins Internat abfuhr und
ich wußte im gleichen Moment, daß ich
in einen Weg einbog, der mich wegtrieb und
wollte zurück aber da ging es nicht mehr.

MEIN BERUF HEISST MICH NICHT VERSTECKEN,
sondern öffentlich entdecken,
mich zu finden, indem ich mich verliere,
nicht bewahren für mich, finden nur will ich seit ich lebe

Das langsame Begreifen, die Nähe
suchen statt Ferne
auch Schmerz sich von
Gewohntem zu lösen
vor dem anderen statt Nähe das Weite suchen

VON HEUTE AUF MORGEN UND UMGEKEHRT
von der Liebe in die Laune von der Wut
in die Hoffnung die Freunde vergessen
von heute auf morgen und umgekehrt
das Sprechen verlernen mit geschlossenen Augen
durch die ganze Welt

ICH HABE DIE NACHT GETRÄUMET
ich bring dich endlich um
und hab auch nichts versäumet
dein Blut floß so herum.

Ich hab die Nacht geträumet
ich weiß nicht wohin mit dir
dein Totleib aufgebäumet
hielt sich so fest an mir.

Ich hab die Nacht geträumet
du bist doch gar nicht tot
stand auf hab aufgeräumet
+ bin noch jetzt in Not.

Zwei auf einer Reise

Mühsam trägt das Mädchen ins Abteil
die Bücher, setzt sich auf die hölzerne Bank
und sieht aus dem halbgeöffneten Fenster.
Schon tönt der Pfiff und hallt wider
vom Stein jener Berge,
den schneebedeckten und fernen,
von meinen Städten, meinen ergrauten und flachen.

Nur dieser Mann mit den hängenden Armen
dem weichen Hut und den geschlossenen Augen
ist bei ihr, fällt ein in den schläfrigen Takt
des rollenden Zugs.
Sie verlassen den Bahnhof und fahren
durch Wälder, vorbei an gefrorenen Seen,
in denen die Sonne sich spiegelt,
vorüber an grünen Häusern im Schnee,
mit blutigen Fahnen geschmückt.

Still empfangen Bahnsteig und Gleis
Mädchen und Mann. Sie verlassen
den Zug und verlieren sich langsam ins Dunkel.

KOMMST DU JETZT ENDLICH MIT DEM ZUG?
Ich komme. Ohne den Betrug!
Mit deiner Mutter habe ich gesprochen
Ach, halt mich fest: wo warst du Tage oder Wochen
Ich habe DICH so lang entbehrt
Wenn du nicht da bist, bin ich so verkehrt
Da steht der Zug. Ach, nein er fährt

SO LEHRTEN SIE, EINANDER AUS DEM WEG ZU GEHN,
wie schön auf diese Weise, Lust zu steigern
sich voneinander wegzudrehn statt anzusehn,
einander nicht verweilen, nur verweigern.
Schön wie Verlust die Lust ersetzen kann
und Menschenbaum sich wieder spaltet, ach, in Frau und Mann.

Wie es euch gefällt
ODER
Wie, es gefällt euch?

Ein Spielverderberspiel
(Entwurf für 32 Spieltafeln)

1 Halte ich das für Liebe, was du mir antust, oder

2 Hältst du das für Liebe, was ich mir zurechtdichte, oder

3 Langweile ich dich noch immer nicht mit meiner Hurerei, oder

4 Hältst du mich aus, oder ich dich, oder wir uns, oder

5 Verrate ich dich an jedem zweiten Tag oder an jedem dritten, oder

6 Benutzt du mich als Schlafmittel (coito ergo bumm bumm), oder

7 Bin ich eigentlich zu faul für eine vernünftige Arbeit oder zu feige für die Einsamkeit, oder

8 Beneidest du mich um meine Blödheit, die ich Naivität nenne, oder

9 Glaube ich, daß du das für Liebe hältst und halte es selbst für Liebe oder umgekehrt oder wie, oder

10 Ist das Ökonomie, das heißt, einander und sich selbst vor dem Staat in Schutz nehmen in seiner kleinsten Zelle, oder

11 Ist das der Fortpflanzungstrieb einer aussterbenden Spezies, oder

12 Ist das die Furcht vor dem Riß in der Zeit, der ausgefüllt sein muß, oder

13 Geht mich dieser Krieg der Geschlechter eigentlich überhaupt noch etwas an, wenn ich nur siegen aber niemals unterliegen kann, oder

14 Weißt du noch immer nicht, daß ich nur einen liebe, der mich verachtet und den verachte, der mich ernster nimmt, als ich mich selbst, oder

15 Hast du noch immer nicht davon genug, daß ich daran verzweifel, dich anders vorzufinden, als ich dich auf die schmierige Leinwand meiner Fantasie hingekritzelt habe, oder

16 Wären du und ich oder wir woanders anders, oder

17 Wollen wir einsam sein und müssen zweisam sein, oder dürfen wir einsam sein und müssen zweisam sein, oder soll uns das heilsam sein, oder

18 Passen zwei ineinander oder füreinander oder aufeinander, oder wärs besser einander zu verpassen oder eins zu verpassen (und zwar kräftig), oder

19 Bin ich wie die Mond und du wie der Sonne und lernen nicht daraus, daß die einander nie begegnen, oder

20 Was geht dich oder mich dieses Scheißspiel von Mann Frau eigentlich noch an, oder

21 Ist das die Furcht, die sich MENSCH nennt (worauf sich nichts reimt), oder

22 Sollten wir ein Kind herstellen, das drei Eigenschaften von dir (welche) und drei Eigenschaften von mir (welche) in sich vereinen muß, oder

23 Sollten du und ich oder du oder ich eine andere Arbeit tun, oder

24 Sollte ich mit einer anderen Person ins Bett gehen oder das unterlassen, oder

25 Will ich, daß du glaubst, ich begehre oder entbehre eine andere Person, oder

26 Kannst Du mir ein Glück ersetzen, oder ich dir, das uns die Eisenwelt so grausam vorenthält, oder

27 Würdest du am Tag meiner Beerdigung ohne Tränen der Rührung den Rührfilm Romeo und Julia ansehen können oder lieber die Affenpaare ansehen wollen im Zoo, oder

28 Wollen wir Hänsel und Gretel sein und uns eine Hexe finden auf unserer Suche nach dem dritten Geschlecht, oder

29 Würdest du im Falle einer strafbaren Handlung meinerseits, auf die Gefahr eines längeren Gefängnisaufenthaltes deinerseits, für mich eine eidliche Falschaussage auf dich nehmen, oder

30 Würdest du mich oder ich dich in einem naturwissenschaftlichen Film von einem Raub- oder Plüschtier darstellen lassen, oder

31 Kannst du, wenn ich dich jetzt frage, ob du mich liebst, mich liebevoll ansehen, JA sagen und NEIN meinen, oder

32 Kannst du, wenn ich dich jetzt frage, ob du mich liebst, mich haßerfüllt ansehen, NEIN sagen und JA meinen, oder

WAS IST LOS, MANN WAS IST LOS,
daß du soviel Wind machst um eine Frau,
daß du von dir und ihr sprichst wie von einer Völkerwanderu
was ist los, Mann, was ist los
daß du dich an dieser Geschichte hochstemmst
wie ein Turner am Reck,
daß du von Europa sprichst, wenn du deine Eitelkeit meinst,
daß du dich an antiken Gleichnissen aufrichtest zu
antiquarischer Größe.
Was ist passiert, Mann, was ist passiert,
daß du tust, als wüßtest du nicht genau:
Die Frau interessiert dich, bis du sie hast oder.
Wer hat dir ins Hirn getreten, Mann,
daß du vergessen hast: Du brauchst,
was du nicht haben kannst, oder.

IST DENN KEIN WORT IN MEINER SPRACHE,
das sie in Rausch versetzt wie Wein
und ihren Willen gänzlich taumeln läßt
und ganz verschwinden dann, das
sie in meine Arme sinken läßt betrunken.
Gib mir das Wort, das ich wie Medizin
ins Ohr ihr träufle gegen ihre Krankheit.
Vernunft heißt diese Krankheit, gib mir
das Mittel. Wie heißt das Zauberwort?

WANN SCHREIBT MAN EIN EROTISCHES GEDICHT?
Wenn man nicht weiß wohin mit dieser Leidenschaft
dem Lebenssaft oder wenn es gebricht
an dieser Lust und nur das Wort macht Kraft?

Wem schreibt man ein erotisches Gedicht?
Der man die Zunge lösen will mit Fantasie
die Knie weit öffnen oder jener die dich Wicht
und dein Gedicht nicht will: dem großen NIE?

Wie schreibt man ein erotisches Gedicht?
Mit heißem Fleisch oder mit kaltem Sinn
mit »leg dich hin« oder »tus besser nicht«,
zielt besser man auf sexuellen oder finanziellen Rein-Gewinn

Von allem beiden hat was äußerst Gutes:
Hauptsache man tut es guten Mutes.

Liebeslied

O, wie ist das schön,
so mit Seufz und Stöhn,
so die Beine breit,
wird der Himmel weit.
Was man alles kann,
ist der Mann ein Mann.

Geh ich auf die Knie
frag nicht wer noch wie
frag nicht Zeit noch Sinn
leg mich einfach hin
so mit Zart und Rauh
fühl ich mich als Frau.

Schließ die Augen zu
sag nicht ICH nicht DU
weiß nicht, wer wir sind
wird zum Sturm der Wind
wird die Lust zur Gier
und das Mensch endlich zum Tier.

Maria Hilf

Reine Jungfrau, sag, wie hast du das gebracht:
Nicht gebumst und doch ein Kind gemacht.
Wie nur, sag es mir, gehts umgekehrt:
Nicht geschwängert, aber doch den Mann entleert.

Ach, ich weiß, das war der liebe Gott,
der dich langgelegt hat so mit Hüh und Hott,
aber was nur hat er dann gemacht,
sag mir das Geheimnis dieser Nacht.

Vielleicht hast dus alles nur geschluckt,
hats dich nur im Mund gejuckt.
Ja, so ist das, wenn man richtig hurt,
wirds am Ende nur ne Kopfgeburt.

ICH HATTE AN LIEBE GEDACHT
das war ein Fehler
sie wollte als ich zu ihr kam
einen Dieb sie wollte keinen Hehler

Ich hatte mich gewaschen
das war die Wendung
sie wollte als ich auf ihr lag
keine Liebe sie wollte eine Schändung

Ich hatte eine Frau im Kopf
das war mein Verhängnis
sie wollte keinen Mann nur einen Heiligen
und eine befleckte Empfängnis

Selbstkritik 4

Vorm Schaufenster in Amsterdam: Die nackte Hure
hinterm Glas. Zwischen zwei Käufern macht sie Pause
auf dem Hocker. Auf ihrem Knie ihr Tagebuch. Die Männer
neben mir recken die Hälse: Was
schreibt die da. Sie hebt den Kopf und lächelt:
Mich könnt ihr kaufen. Was ich denke nicht.
Ich gehe weiter: dankbar für den kostenlosen Unterricht.

Die unruhige Wüste

Nie, sagt er, würde ich meine kleine Stadt verlassen. Hier,
sagt er und sieht der Germanistikstudentin aus New York fest
in die Augen, ist es schlimm, aber still. Was sollte ich schreiben
in den krachenden Hauptstädten.

Du hast Angst, sagt sie, vor jeder Veränderung. Bleib,
sagt sie und steigt aus seinem Bett, bei
deiner Frau, in deiner Stadt, in deinem Versteck aus
leeren lauten Wörtern.

Nur in den krachenden Hauptstädten, ich weiß, was ich sage,
sagt sie, ist der Rückzug möglich in die eigene Lage.
Um dich herum, sagt sie, die Langeweile
macht, daß du so lärmst in jeder Zeile.

Sie nimmt ihren Mantel. Sie geht zur Tür.
Er legt auf den Tisch seine Brille.
Er sagt: Es ist so undeutlich hier
draußen in meinem Kopf die krachende Stille.

Das Nein-Lied

Nein, dafür ist kein Mensch gemacht,
daß er allein lebt Tag und, schlimmer, Nacht.
Ach, Sybille unser bestes Mittel gegen Einsam
war die Wohnung hier gemeinsam.

Nein, verlaß mich nicht,
geh nicht aus der Tür,
lösch nicht dieses Licht,
bleib bei mir.

Nein, der Mensch ist nicht dafür gedacht,
daß dem Nächsten er die Rechnung macht,
die er selbst sich eingebrockt, Sofie,
wer allein nicht leben kann, lebt nie.

Nein, ich gehe jetzt
aus der Tür.
Wenn dein Aug auch netzt,
ich bleib nicht hier.

Nein, das Alleinsein, nein
ist kein Sein ist nur Peinsein, nein
zwei tragen besser als einer
und einer ist viel alleiner.

Nein, nicht gehen,
wollen bleiben.
Wie die Winde wehn,
wolln wir treiben.

Ein Ende

Er hat sie nicht aufgehalten. Sie
ist über den Stein gestiegen. Sie
ist nicht gefallen und hat nicht zu ihm aufgesehen. Sie
hat ihn verlassen.

Als er erwachte und sah,
wie sie das Kleid über den mageren Körper streifte,
als er sah, wie sie die Strümpfe vom Stuhl nahm,
wie sie die Klinke in die Hand nahm, wußte er:

Ich habe sie nicht aufgehalten. Ihr Weg
hat bei mir kein Ende gefunden. Ich habe ihren Durst
nicht gelöscht. Ich habe die Angst nicht von ihr genommen.
Ich war ihr nicht genug.

Er hat ihren Durst nicht gelöscht. Er stellt sich ans Fenster und
starrt in die Lichtenberger Chaussee. »Es tut mir nicht weh«,
sagte er, »für einen Schmerz würde ich mein Vierspurtonband
geben.«

Sechs Sätze über Sophie

1
In Hamburg lebt die Tochter eines Millionärs in einem klein
Zimmer und an ihren warmen Bauch erinnere ich mich noch
immer.

2
Der war weich unter dem weißen Hemd.

3
Hätte ich sie geheiratet und das Geld ihres Vaters, würde ich
keine Gedichte über sie schreiben, sondern mir Gedanken
machen über die Versform des 21. Jahrhunderts.

4
Besser: ich erinnere mich an ihren warmen Bauch.

5
Sophie, ich hatte mir, Sophie, reiche Töchter, kälter vorgestellt.

6
In Hamburg lebt die Tochter eines Millionärs mit einem Ton
ingenieur in ihrem kleinen Zimmer und an ihren Bauch und a
ihr Sparbuch erinnere ich mich noch immer.

Der Maler

Er zieht die Leinwand auf und stellt sie
ans Fenster. Dann geht er in die Chausseestraße,
Farben zu kaufen. »Alle, die sie haben«,
sagt er zu der Verkäuferin.
Mit vollen Taschen geht er zurück in das
Atelier. Er beginnt das Bild.
»Mein Lebenswerk«, sagt er zu der Frau,
die er geheiratet hat.
Er malt vierzig Jahre lang. Alle Gesichter,
die er gesehen hat, alle Häuser,
in denen er gewohnt hat (drei Häuser),
alle Straßen, durch die er gegangen ist,
alle Gefühle, die er gefühlt hat (das sind
die Tönungen und Schatten von den Dingen.)
Er ißt nebenbei mit seiner Frau,
die älter wird.
Er wird alt. Die Farben sind verbraucht,
als das Ende kommt,
als der Herzschlag kommt.
Als der Herzschlag kommt, ist das Bild fertig und
der Maler fällt um.
Dabei macht er mit dem Pinsel einen Strich
quer über das Bild.
Die Frau sitzt an der Tür und
schüttelt den Kopf.

Einzug

Das amtliche Papier, ein Recht auf die
Wohnung bestätigend, in der Hand, erster
Schritt in die neue Unterkunft.
Alle Spuren der Vorherigen von der Spe-
ditionsfirma getilgt.
Kein Buch, keine Seife, keine Gardine
deuten auf die Ausgezogenen hin.

Vier Jahre hatten sie hier gelebt.
Sommer und Tage, Tränen und Nächte.

Zu hören ist nichts mehr, zu sehen nur
eines:
Auf der Wand gegenüber dem Fenster
ein helles Viereck.

Man wird neu tapezieren müssen.

Die Geheimnisse

Er hat zwei, sie hat eins.
Das letzte, das sie trennt
ist ihr gemeinsames, doch keins
das andere beim Namen nennt.

Er sucht in ihrem Haus,
was sie in seinem Haus verlor.
Sein Eingang ist ihr Aus-
gang. Sie stehn schweigend vor dem Tor.

Nur ein Wind erschüttert sie noch,
wenn eins zum andern schweigt
und eins zum andern ängstlich kroch,
weil keins sich zeigt.

ZWEI HÄUSER DRIN ZWEI OFFNE FENSTER
nicht beieinander – sondern gegenüberliegend
komm DU zu mir, nie DU, flüstern die zwei gespenster
über die straße, sich an sich selbst eng schmiegend:
aus ihren augen harte tränen hageln,
laßt uns aus denen endlich groß ein fensterkreuz an den himm
nageln.

JETZT IST AUCH DER HIMMEL AUS STEIN
und aus Stein sind die Scheiben im Fenster
Das Bett auf dem ich liege ist Stein
und Stein ist die Lampe am Tisch
und der Tisch ist aus Stein.
Aber mein Herz,
das Herz in meinem steinernen Leib
das blutende Herz,
aber mein Herz ist auch ein Stein.

Jetzt ist auch das Hemd aus Stein
und aus Stein ist der Arm an deinem Steinleib
Das Radio ist ein glatter großer Stein
und die Gitarre ist ein weißer Stein
der steht an der steinernen Wand
und deine Haut ist aus Stein
aber mein Mund
der Mund unter meinen steinernen Augen
der nasse Mund
mein Mund ist ein nasser offener Stein

AM ZWÖLFTEN TAG SCHIEN IHM, ALS SCHWEMMTEN
die Wellen seinen Körper an Land, als griffen
seine Hände an Wurzeln, als ginge über sein Gesicht
ein Grinsen, als wäre es endlich still in seinem Schädel,
als wankte er über den Strand mit ausgestreckten Armen,
als höre er nur seinen Atem noch; nicht die Rufe
der Männer, die ihn in die Stadt trugen, nicht
die Stimmen der Ärzte, die um sein Bett standen, nicht
die Räder der Fahrzeuge in der Straße, auf die er
herauszutreten schien, oder schwamm er noch immer
im Meer, oder gab es ihn überhaupt noch, wer aber
war dann die Frau, mit der er dort oder hier oder wo
vor seinem Haus zu stehen schien, die ihm die Arme
um seinen Hals legte, die zu ihm sprach, aber
er hörte sie nicht, nur seinen Atem hörte er, das
wenigstens schien ihm sicher, was aber war dann
das andere um ihn herum: die Gesichter, die Hochzeit,
die seine Hochzeit zu sein schien, die Möbel, die
seine Möbel zu sein schienen, das Geld, das sein Geld
sein mußte, wer war der, der es in seiner Hand hielt,
er oder nicht er in einem Haus am Fenster und wo
war der Himmel, er war nicht mehr da, also mußten die Bilder
sein Tod sein
oder die Rettung.

Meine Großmutter

Auf einem alten Foto ist sie eine schöne Frau
auf einem Berg: Am Rand.
Verächtlicht sieht sie in die Kamera:
Schließlich ist mein Vater Fabrikant.

Ihr erster Mann erschoß sich mit 29. Den zweiten
verließ sie in München für den dritten und
wurde katholisch wie er. Als
die Nazis sie holten, rief sie: Was
wollt ihr von mir: Ich bin keine Jüdin mehr.

Im Konzentrationslager schrieb sie Gedichte. Die
steckte sie in den Ofen, bevor sie entlassen wurde
in die Irrenanstalt. In der Zelle schrieb sie einen Roman
über die Auswanderung eines Ameisenstaates von
Deutschland nach Amerika nach Afrika nach Deutschland.

Ich liebe Lissy, sagte ihr Mann, als
sie zurückkehrte in die Wohnung. Hier
ist dein Zimmer neben der Küche. Sie sagte:
Ich lasse mich scheiden. Und nahm ihren zerbeutelten Hut. Dann
bist du nicht mehr katholisch, sagte er, und gehst wieder
ins Lager. Sie legte den Hut aus der Hand: Zu euren Diensten:
eure Ameise will ich sein. Und schloß sich in ihr neues
Zimmer ein.

Nach dem Krieg lebte sie zur Untermiete und
war angestellt bei der englischen Postzensur: Tag
für Tag schnitt sie faschistische Zeilen aus
deutschen Briefen. Als das Postgeheimnis wieder Gesetz war,

zog sie von München nach Potsdam,
zeigte mir ihren Gott, den ich nicht sah, kratzte
unter alten Frauen Scheiße
aus den Laken, sagte zu ihrem Sohn: Warum
gehst du nicht auf den Hof
spielen und fiel tot neben den Küchenherd.

Die Rätsel sind gelöst:
ihr Hirn sprang über.
Sie wollte nicht Heimat sagen:
Sie hatte kein Dach darüber.

Wer durch mein Leben will, muß durch mein Zimmer

Wer in mein Leben will, muß in mein Zimmer
Willst du verhaftet sein: jetzt oder immer

Wer in mein Leben will, geht in mein Zimmer

Wer mit mir leben will
muß in mein Zimmer
Könnt ich woanders still
leben für immer,

würde ich nie wo anders sein,
lebt ich in jeder anderen Kammer

Wer A wird, kann nie mehr B sagen

Eins wollte auf eine Wiese
Zwei wollte zu seinem Bier.
Eins nannte Zwei lächelnd: Mein Riese,
Zwei sah hinauf: Ach, Zwergentier.

Beide nannten sie Liebe,
Was vielleicht Blindheit war.
Ihre Augen zwei Diebe.
Ihr Urteil: Kein nächstes Jahr.

Woyzecks Tanzlied

Faß mich an, Marie, wir gehen
in die Kneipe in den Glanz.
Ich bin stolz und du wirst sehen
deinen schönen Franz,
der vergißt dich schnell beim Tanz.

SEIN STUHL IST LEER.
Sie sieht, wie er über die Straße hinkt.
Wie sie steht und winkt,
sieht er.

Dornröschen und Schweinefleisch

Wer geht wohin weg
Wer bleibt warum wo
Unter der festen Wolke ein Leck
Alexanderplatz und Bahnhof Zoo

Abschied von morgen Ankunft gestern
Das ist der deutsche Traum
Endlich verbrüdern sich die Schwestern
Zwei Hexen unterm Apfelbaum

Wer schreibt der bleibt
Hier oder weg oder wo
Wer schreibt der treibt
So oder so

Editorische Notiz

Der Band enthält zum einen Gedichte, die Thomas Brasch zu Lebzeiten publiziert hat; sie erscheinen in der Druckfassung. Außerdem versammelt er Gedichte, die nach Braschs Tod herausgegeben worden sind; sie wurden mit den Typo- bzw. Manuskriptvorlagen verglichen und im Falle von Abweichungen gemäß der Fassung aus Braschs Nachlass abgedruckt, der sich im Berliner Akademie der Künste Archiv befindet (vgl. Angaben der Archivsignaturen im Quellennachweis). Drittens werden in diesem Band Gedichte aus Braschs Nachlass erstmals publiziert.

Viele Gedichte aus dem Nachlass existieren in mehreren Versionen, zeigen unterschiedliche Entstehungsstufen, sind fragmentarisch überliefert oder tragen starke Bearbeitungsspuren. Aus diesem Grund ist nicht immer zweifelsfrei eine »Fassung letzter Hand« identifizierbar. In den wenigen Fällen, in denen solche Gedichte für den vorliegenden Band ausgewählt wurden (z. B. »Jetzt ist auch der Himmel aus Stein«, »Brunke will«, »Wie es euch gefällt ...« oder »Sein Stuhl ist leer«), musste der Herausgeber abwägen, welche Fassung am ehesten als eigener Text bestehen oder einen besonderen Blick in die dichterische Arbeit Thomas Braschs eröffnen kann. Bei Texten aus dem Nachlass, die keine oder unklare Titel tragen, wurde die Anfangszeile als Incipit in Majuskeln gesetzt. Die Gruppe der Brunke-Gedichte, die ohnehin mit diesem poetischen Mittel operiert, gehört etwa hierzu. Brasch vertrat dies aber auch als allgemeinen Standard: ein Gedicht müsse titellos mit dem ersten Vers beginnen können. Vereinheitlicht wurde außerdem die abweichende Klein- und Großschreibung der nachgelassenen Texte. Widmungen (»Für Uwe Johnson«) wurden nur bei Gedichten, die Brasch zu Lebzeiten veröffentlichte, übernommen; (handschriftliche) Widmungen oder Titelzusätze (»Lied der Sofie und der Sybille«) von Texten aus dem Nachlass wurden in [eckigen Klammern] dem Quellennachweis hinzugefügt. Ebenfalls eckig eingeklammert finden sich dort Hinweise auf die Überlieferungsgestalt einzelner Dokumente und Datierungen – Ausnahmen, die eine zeitliche Zuordnung zulassen, während Braschs lyrische Hinterlassenschaften fast alle undatiert sind.

Für die Genehmigung, Gedichte aus dem Nachlass erstmals zu publizieren, ist der Erbengemeinschaft Thomas Brasch zu danken. Dank gilt außerdem dem Akademie der Künste Archiv Berlin. *Th. W.*

3 Wünsche für C.W., in: *Ein Text für C.W. Zum 65. Geburtstag von Christa Wolf*, Gerhard Wolf Janus press, Berlin 1994.

Am zwölften Tag schien ihm ..., *Kargo*, S. 142.

Anna, *Wer durch mein Leben will*, S. 58.

Antworten Sie, Herr Brunke!, TBA – Sign. 824, o. D.

Asche und Diamant, *Kargo*, S. 126.

Brunke geht, weil er sich ..., TBA – Sign. 824, o. D.

Brunke hat Angst, TBA – Sign. 1590, o. D. und in: *Das blanke Wesen Thomas Brasch*, Arbeitsbuch Theater der Zeit, hg. von Martina Hanf und Kristin Schulz, Berlin 2004, S. 141.

Brunke hat bei Frauen kein Glück, TBA – Sign. 824, o. D.

Brunke sagt: Klammer auf ..., TBA – Sign. 825, o. D.

Brunke verkleidet als ..., TBA – Sign. 824, o. D.

Brunkes Lieblingsgedicht, TBA – Sign. 824 und in: DIE ZEIT, 1983.

Brunke will ..., TBA – Sign. 824, o. D.

Das Fürchten nicht und nie das Wünschen ..., *Wer durch mein Leben will*, S. 42.

Das Nein-Lied [»Lied der Sofie und der Sybille«], *Wer durch mein Leben will*, S. 107.

Das unmögliche Gedicht, *Wer durch mein Leben will*, S. 133.

Den eigenen Worten aus dem Sinn, *Wer durch mein Leben will*, S. 43.

Der Maler, *Wer durch mein Leben will*, S. 131.

Der Tod des Isaac Babel, *Wer durch mein Leben will*, S. 53.

Die Geheimnisse, *27. September*, S. 65.

Die große Ruhe alter Morde, *27. September*, S. 62 f.

Die Reime sind schön ..., *Wer durch mein Leben will*, S. 92.

Die unruhige Wüste, *27. September*, S. 48.

Dornröschen und Schweinefleisch, *27. September*, S. 42.

Du willst, denke ich, so geliebt sein ..., TBA – Sign. 1590/Sign. 551, o. D. und *Wer durch mein Leben will*, S. 157.

Ein Ende, *Rotter*, S. 26 f.

Einzug, *Wer durch mein Leben will*, S. 85.

Halb Schlaf, in: Frankfurter Allgemeine Zeitung vom 26. November 1982.

Ich bin der Schauspieler Brunke, TBA – Sign. 594, [1970] und *Rotter*, S. 35.

Ist denn kein Wort in meiner Sprache, *Wer durch mein Leben will*, S. 147.

Ich habe die Nacht geträumet [»für K. + S.«], *Wer durch mein Leben will*, S. 66.

Ich hatte an Liebe gedacht, *Wer durch mein Leben will*, S. 154.

Jetzt ist auch der Himmel aus Stein [unvollständig überliefert], TBA – Sign. 625, o. D.

Jetzt ist Brunke berühmt, TBA – Sign. 824, o. D.

Kommst du jetzt endlich mit dem Zug? [»Ich liebe Hilde«], TBA – Sign. 607, [Dez. 1990].

Liebeslied [»Marguerite«], TBA – Sign. 645, o. D. und *Wer durch mein Leben will*, S. 105.

Maria Hilf [»Hurenlied«], *Wer durch mein Leben will*, S. 104.

Mein Beruf heißt mich nicht verstecken, TBA – Sign. 671, o. D. und *Wer durch mein Leben will*, S. 16.

Meine Großmutter, *27. September*, S. 14 f.

Meinland lieben, aber hassen ..., TBA – Sign. 830, o. D.

Mein Lehrer W. N. [= Wolfgang Neuss], *Wer durch mein Leben will*, S. 54.

Oft bis du der, den ich liebe, TBA – Sign. 698, o. D. und *Wer durch mein Leben will*, S. 143.

Schlaflied für K., *27. September*, S. 70.

Schließ die Tür und begreife, *Rotter*, S. 36.

Sechs Sätze über Sophie, *27. September*, S. 60.

Sein Stuhl ist leer, TBA – Sign. 1590/Sign. 384, o. D. und *Wer durch mein Leben will*, S. 136.

Selbstkritik 4, *27. September*, S. 68.

Sie hat einen Mann, sagt sie, *Kargo*, S. 146 f.

So lehrten sie, einander ..., TBA – Sign. 1589 bzw. *zwei offne fenster*, o. S.

Und wenn wir nicht am Leben sind, *Wer durch mein Leben will*, S. 167.

Vita, nach rolf dieter brinkmann, Vorwort in: Rolf Dieter Brinkmann, *Rolltreppen im August. Gedichte*, Berlin 2000, o. S.

Von heute auf morgen und umgekehrt, TBA – Sign. 824, o. D.

Vor Wort für Heine, in: Heinrich Heine, *Gedichte aus Liebe*, hg. von Thomas Brasch, Frankfurt am Main 1992, S. 9.

Wann schreibt man ein erotisches Gedicht, TBA – Sign. 557 o. D. und *Wer durch mein Leben will*, S. 141.

Was ich habe, will ich nicht verlieren ..., *Kargo*, S. 97 f.
Was ich mir wünsche, TBA – Sign. 786, o. D. und *Wer durch mein Leben will*, S. 19.
Was ist los, Mann ..., *Kargo*, S. 152 f.
Weil ich das Eigene verloren habe, *Wer durch mein Leben will*, S. 173.
Wenn die schnellen Winde wehn, Sign. 794, [1980] und *Das blanke Wesen Thomas Brasch*, S. 128.
Wenn er ausgeht, trägt Brunke ..., TBA – Sign. 824.
Wenn ich dich begehre gegen jede Vernunft, *Wer durch mein Leben will*, S. 142.
Wer A wird, kann nie mehr B sagen, *Wer durch mein Leben will*, S. 152.
Wer durch mein Leben will ..., TBA – Sign. 798, o. D.
Wie es euch gefällt ODER ..., TBA – Sign. 835, [1993]. Die 1993 im Programmheft des Berliner Schillertheaters zu *Wie es euch gefällt* (von William Shakespeare, in der Übersetzung von Thomas Brasch) publizierte Fassung »WIE ES UNS GEFÄLLT / aber / WIE GEFÄLLT ES UNS / oder / VIELLEICHT«: siehe unten.
Woyzecks Tanzlied, *27. September*, S. 41.
Zwei auf einer Reise, TBA – Sign. 819, o. D.
Zwei Häuser drin zwei offne Fenster, TBA – Sign. 1589 bzw. *zwei offne fenster*, o. S.

Kurztitel und Siglen

27. September – Thomas Brasch, *Der schöne 27. September*, Frankfurt am Main 1980.
Kargo – Thomas Brasch, *Kargo. 32. Versuch, auf einem untergehenden Schiff aus der eigenen Haut zu kommen*, Frankfurt am Main 1977.
Rotter – Thomas Brasch, *Rotter Und weiter. Ein Stück, Ein Tagebuch, Eine Aufführung*, Frankfurt am Main 1978.
Wer durch mein Leben will – Thomas Brasch, *Wer durch mein Leben will, muß durch mein Zimmer. Gedichte aus dem Nachlaß*, hg. von Katharina Thalbach und Fritz J. Raddatz, Frankfurt am Main 2002.
zwei offne fenster – Thomas Brasch / Strawalde, *zwei offne fenster ODER ein liebes paar*, Berlin 1999. [o. S. – ohne Seitennummerierung]
TBA – Thomas-Brasch-Archiv, Akademie der Künste Archiv Berlin
o. D. – ohne Datum bzw. Datierung nicht möglich

WIE ES UNS GEFÄLLT
aber
WIE GEFÄLLT ES UNS
oder
VIELLEICHT

LiebesSpiel

... betört dich manchmal auch was mich zerstört und daß mir gar nichts mehr gehört die Menschentiere solln die Götter segnen ach lieber Gott laß endlich Äxte regnen aber ...

... bin ich eigentlich zu faul für eine vernünftige Arbeit oder du zu feige für eine Einsamkeit oder ...

... dürfen oder wollen oder müssen wir einsam sein oder zweisam weil GEMEINSAM ausgestorben ist mit den Indianern oder ...

... denkst du ich denk und lieb nur öffentlich mein private room ist auch mein public place daß man mich dafür zahlt macht gar nichts leichter was ist die Liebe denn für ein Vergnügen wenn ihr sie anseht und ich habe Furcht sie würde nicht genügen auch Beruf kann ich das überhaupt nicht nennen wenn ich mich kenntlich mach so oft bis ich mich selbst nicht kann erkennen oder ...

... gehst du mit mir in unsern Uhrwald Paare hassen daß wir nicht küssen müssen sondern küssen lassen und ...

... hältst du für Zuneigung was ich dir antu oder für Wahrheit was ich uns beiden zurechtdichte oder ....

... hältst du mich aus oder halte ich dich aus oder wir zwei einander vielleicht ...

... glaubst du ich nenn das Eifersucht wenn wir eifrig die Sucht bekennen daß wir einander nur betrügen statt uns trennen oder glaubst du daß wir nur Zwei in Eins verzweifelt sind und Staates Bürger also wehmütige Würger aber keiner Länder Kind also ...

... glaubst du ich will noch länger nur ein Wächter sein zu meinem Schutz in deiner Haft also Staates kleinster Zelle FAMILIE genannt wo jeder jedem unverwandt oder ...

... glaubst du ich weiß noch wie wir zwei zum ersten Mal in unseren Augen-Blick gefallen sind oder glaubst du daß ich oder du vergessen haben daß wir einander in unsere Augen versprachen ganz ohne Forderung einander auszuliefern vielleicht ...

... ist dir auch manchmal so als käm die Welt ins Lot wenn du erwachen würdest und ich wäre tot vielleicht fällt dann der tiefste Schlaf über uns her und Jeder schläft beim Andern so als gälte ihm der eigne Schlaf nichts mehr oh ja vielleicht ...

... kommt dieses Wort Geschlecht von gut ach nein von schlecht und der Verlust liebt sie die Lust und das was bleibt ist nur was sich an nichts mehr reibt und ...

... kriegst du mich oder krieg ich dich oder kriegt uns der Krieg oder heißt unsre Niederlage Sieg wenn ich dir unterlieg vielleicht ...

... passen zwei ineinander oder füreinander oder aufeinander oder wäre es besser wir verpassen einander eins und zwar kräftig vielleicht ...

... rufst du auch manchal Lieb mich wenn du Hilf mir meinst vielleicht lachst du auch manchmal über mich wenn ich dir glaube daß du weinst und ...

... langweile ich mich mehr mit dir Tag für Tag oder du dich mehr mit mir und meiner Käuflichkeit und ...

... kannst du wenn ich dich jetzt frage ob du mich liebst mich liebevoll ansehen JA sagen und NEIN meinen oder kannst du wenn ich dich jetzt frage ob du mich liebst mich haßerfüllt ansehen NEIN sagen und JA meinen oder ...

... kannst du mich mal (du kannst mich mal) ziehst du die Hosen an ich zieh sie aus die Frau ist nackt ein andrer Mann verwöhnt verwahrlost und verpackt und was soll diese Frage in unsrer Lage oder ...

... sollten wir ein Kind herstellen Tochter oder Sohn der die das drei Eigenschaften hat von dir (welche) und drei Eigenschaften hat von mir (welche) aber ...

... würdest du am Tag meiner Beerdigung ohne Tränen der Rührung den Zefirelli-Film »Romeo und Julia« ansehen wollen oder lieber die Affenpaare im Zoo oder ...

... verrätst du mich an jedem zweiten Tag oder an jedem dritten oder ich dich an jedem Tag zweimal und zwingst du mich zu bitten um das woran mir gar nichts lag oder ...

... würdest du im Falle einer strafbaren Handlung meinerseits auf die Gefahr eines längeren Gefängnisaufenthalts deinerseits für mich eine eidliche Falschaussage auf dich nehmen oder ...

... wünschst du dir manchmal auch daß ich dir gar nichts glauben kann und willst dein Haß sei meine Lust ein Mann will wieder eine Frau und beide wissen nichts und nur das wissen sie genau oder ...

... will ich daß du glaubst ich begehre oder entbehre eine andere Person für das was ich Gefühl nenne vielleicht ...

... willst du von mir was ich nicht geben kann willst du von mir all das was ich mir nie mehr nehmen laß oder ...

... wollten Wir in den Krieg Ich gegen Dich und Du gegen Mich aber Wir gegen Uns oder Du gegen Dich vielleicht im Sonnenuntergang vielleicht im Abenddunkelblau wenn Keins das Andere erkennt und Jedes sich beim Namen des Andren nennt vielleicht ...

... zwischen Tür und Angel ja und schnell und weg keins das Andre angesehn ist das vielleicht der Zweck vielleicht ...

... bleibt unsere Zeit uns plötzlich stehn wenn deine Uhr und meine sich noch weiter drehn und du sagst mir einst kannt ich wen der hat nur seiner Zeit doch mir nicht nachgesehen so wurden Uhren Huren und sie gehn nach uns uns nach und lassen uns verstehn daß mir die Stunde zwölf schlägt und dir zehn aber ...

... denkst du daß ich nur achte was mich verachtet und ich das verachte was mich mehr achtet als ich mich selbst und ...

... willst du dem Spiel Frau gegen Mann / schwach gegen stark noch weiter zusehn für ein Entgelt von 120 Mark bin ich dann schwach und du dann stark vielleicht liebt sichs am schönsten doch im Eisensarg vielleicht ...

... heißt das Liebe Sterben oder Lügen wenn ich in einen Berg geh und will dort geborgen sein und warte dein auf daß wir zwei uns zwei mit uns betrügen und tief im Berg soll unsre letzte Gegend sein oder ...

... soll ich dir die Welt ersetzen die man (wer) uns sehr vorenthält und uns aufeinander hetzen bis uns diese Liebe Welt gefällt und ...

Nachwort

von Thomas Wild

Gedichte aus Liebe nannte Thomas Brasch seine Auswahl von Gedichten Heinrich Heines, die er 1992 im Insel Verlag herausgab. »Gedichte aus Liebe« – das meint mehr als »Liebesgedichte«. »Das Lieben hat ihn krank gemacht / die Krankheit liebte ihn«, so Brasch in seinem lyrischen *Vor Wort für Heine*. Heines Liebe und Krankheit war nicht zuletzt das Land seiner Herkunft, politisch wie persönlich, künstlerisch wie sprachlich. Ein Vexierbild der beiden Dichternamen. Denn auch Braschs Schreiben steht im Neigungswinkel der politischen, der deutschen Geschichte seiner Zeit. Texte eines unstillbaren Fragens nach dem Woher und Wohin der eigenen künstlerischen Existenz. Ein Schreiben, das dem Wünschen ebenso unbedingt die Treue hält wie der Wirklichkeit. Jener alltäglichen Form von Leben und Liebe, Politik und Kunst, in der sich die Träume brechen. Die daraus entstehenden Widersprüche spitzt Brasch zu. Er hält sie offen und aus, mit und in seiner Arbeit. So bringen Braschs Gedichte eine Haltung zum Ausdruck: eine Haltung des Wünschens und des Fürchtens, des Hoffens und des Verzweifelns, des Schaffens und des Zerstörens, beides in Liebe und im Ringen um einen poetischen Begriff von Gegenwart – *Gedichte aus Liebe*.

Thomas Brasch ist am 3. November 2001 im Alter von 56 Jahren in Berlin gestorben. Zu Lebzeiten veröffentlichte er nur einen Bruchteil der Gedichte, die er geschrieben hatte. Die ersten erschienen 1975 im *Poesiealbum 89*, noch in der DDR, ein Jahr vor Braschs Weggang nach Westberlin. Fünf Jahre später, 1980, kam die schmale, strahlende Sammlung *Der schöne 27. September* heraus. »Zeugnisse eines unverwechselbaren Zeitgenossen, der von der Sprache besessen ist«, erkannte der *Spiegel* darin. Weitere, einzelne Gedichte wurden über die Jahre verstreut in unterschiedlichen Büchern, Programmheften oder Zeitungen abgedruckt. Anläufe zu einem neuen Gedichtband, den Brasch mehrfach geplant und angekündigt hatte, blieben Entwurf. Mehrere hundert nachgelassene Gedichte, Gedichtentwürfe und -fragmente aus über vierzig Schaffensjahren zeigen jedoch, wie rastlos er mit und an dieser Schreibform arbeitete.

Der begnadet neugierige und notorisch begabte Künstler Thomas Brasch probierte und reüssierte mit weiteren Formen. Sein erster Prosaband *Vor den Vätern sterben die Söhne* (1977) erfaßte die trauernde Wut zweier ungleich verlorener Generationen in Ost und West; der Titel ist zu einer stehenden Wendung geworden. *Kargo* (ebenfalls 1977) – eine Montage aus Prosa, Dialogen, Szenen, Gedichten und Fotografien – hat bis heute nichts von seiner Dichte und Sprengkraft verloren. Mit Stücken wie *Rotter*, *Lovely Rita* oder *Mercedes* eroberte Brasch im Jahrzehnt nach seinem Länderwechsel im Handstreich die großen Bühnen des Westens. Die Kinofilme *Engel aus Eisen* (1981), *Domino* (1982) und *Der Passagier* (1988), für die Brasch die Drehbücher schrieb und bei denen er Regie führte, wurden auf internationale Filmfestspiele eingeladen und mit Preisen ausgezeichnet. Seine Übertragungen und Bearbeitungen zahlreicher Stücke von Tschechow und Shakespeare haben den beiden Klassikern eine neue, widerborstige Stimme auf den Bühnen der Gegenwart verliehen. Das Prosawerk über den *Mädchenmörder Brunke*, dem Brasch sein letztes Lebensjahrzehnt widmete, wird man in seiner Bedeutung als Erzählung über das 1989 zu Ende gegangene Jahrhundert erst lesen können, wenn die tausenden Manuskriptseiten veröffentlicht sind, die in der 1999 publizierten Buchfassung keinen Platz gefunden haben.

Dass Brasch in unterschiedlichen Gattungen, Genres und Medien arbeitete, folgt keinem Selbstzweck. Es ist ein Gestus der Kritik. Brasch will sich nicht einrichten, will nicht einrasten in eine bestimmte Art der Wahrnehmung oder gängige Form der Darstellung. Sein Umhertreiben ist gezielt: eine getriebene Suche nach dem Unerhörten, Ungesehenen, Ungesagten. In künstlerischer *und* politischer Hinsicht. Aus Braschs Wunsch, Kunst und Leben miteinander zu verbinden, speist sich die Intensität seiner Texte. Historisch steht er damit in der Tradition der Romantik und der europäischen Avantgarden. Dieser Linie folgend, sucht er aus ihr herauszuspringen – mittels künstlerischer Formen, die das Spezifische seiner Zeit erfassen, »mittels des Vergessens von dem, was man kann«, wie er einmal sagte.

Welchen Ort hat nun die Dichtung und haben *Gedichte aus Liebe* in der Arbeit eines so vielseitig versierten Künstlers? Vom Poetischen seines Blicks erzählen auch die filmische Beschreibung einer Straße in *Engel aus Eisen* oder die unbeirrt irritierenden Fotografien in *Kargo*. Braschs musikalische Begabung, sein Gespür für Rhythmisierung und seine Vorliebe für Liedanklänge bringen die frühen Schallplattenprojekte (zum Beispiel *Leon Segel*, 1968) ebenso zum Ausdruck wie etwa jene Passage in *Vor den Vätern sterben die Söhne*, in der Fastnacht mit seiner Frau und Marxengels über die Liebe diskutiert. Wird hier nicht auch gedichtet – über und aus Liebe? Wer schließlich den strengen Umgang dieses Autors mit Versmaß und Reim kennenlernen möchte, greift am besten zu dessen Übertragungen und Bearbeitungen der Dramen von

Shakespeare, wo mancherorts schon der Szenentitel ein Liebes-Gedicht anstimmt: »Ein Schlaf / Der traf / Jeden allein / Und alle / Nur zu zwein« (*LIEBE MACHT TOD oder das Spiel von Romeo und Julia*, 1990).

Dieser Band versammelt dichterische Texte im engeren Sinne: gestaltet mit Mitteln wie Vers, Strophe, Rhythmisierung, Zeilenbruch, Reim. Dabei stehen Gedichte, die Brasch eigenständig und zu Lebzeiten publiziert hat, neben literarischen Hinterlassenschaften aus dem Nachlass. Texte aus frühen Jahren – wie etwa *Anna*, das einzige Gedicht, wie Brasch einmal erwähnte, das er während seiner Haftzeit 1968 geschrieben habe, als er 23-jährig wegen des Verteilens von Flugblättern gegen die militärische Niederschlagung des Prager Frühlings verurteilt worden war – sind ebenso vertreten wie Arbeiten aus jüngerer Zeit, etwa die Gruppe der Brunke-Gedichte, die in Zusammenhang mit Braschs großem Prosawerk der 1990er Jahre stehen.

Gedichte aus Liebe – das sind bei Brasch oft Momentaufnahmen, Augenblicksnotizen, Skizzen. Mit einem »jetzt« oder »du« oder »ach« wendet sich die lyrische Stimme einem Gegenüber zu, es kann auch das andere Ich im Selbstgespräch sein. Schilderungen menschenleerer Landschaften sind bei Brasch nicht zu finden; Stimmungen, Situationen, Geschichten interessieren ihn erst, wenn sie durch eine Person hindurchgegangen sind. Das kann spontan passieren: eine Handvoll Jamben in Kreuz- oder Paarreim, um den Gestus des augenblicklichen Festhaltens zu disziplinieren, notiert auf ein Blatt, einen Umschlag, einen Kellnerblock. Schwungvolle Zeilen, die Bestand haben können. Oder, was weit häufiger der Fall ist, zum Ausgangspunkt strenger Bearbeitungen, Neufassungen, Umschriften werden.

Eine besondere Form der Umschrift entfaltet das Titelge-

dicht *Was ich mir wünsche*. Es geht schreibend um mit Bertolt Brechts Gedicht *Orges Wunschliste*, einem Widmungsgedicht an einen Jugendfreund, den Brecht an verschiedenen Stellen seines Werks, bis ins Todesjahr 1956, immer wieder versteckt auftreten lässt. Brasch setzt sich ins Verhältnis hierzu: spiegelnd und spielerisch, liebevoll, aber nicht liebedienerisch. Auf diese Weise mit wahlverwandten Kollegen ins Gespräch zu treten ist ein wesentliches künstlerisches Verfahren Thomas Braschs. Aus diesem Zusammenhang sind seine bekannten Gedichte an Uwe Johnson oder Heinrich Heine ebenso aufgenommen wie kaum bekannte an Isaac Babel, Wolfgang Neuss, Rolf Dieter Brinkmann oder Christa Wolf. Vielfältig schreiben diese Texte *Orges Wunschliste* fort: »Von den Ratschlägen, die unverwendlichen. (...) Von den Genüssen, die aussprechlichen.«
Braschs Arbeit am Text härtet die Oberflächen. Gleichzeitig werben seine Gedichte um Aufmerksamkeit – sei es einer realen, einer erfundenen oder der eigenen Person. Aufmerksamkeit ist das natürliche Gebet der Seele, sagt Walter Benjamin. Und Braschs Gedichte werben natürlich auch um Frauen. Der Fama nach gab es davon im Leben des Dichters eine sagenhafte Vielzahl, in seinem Schreiben fließen sie zu wenigen Namen zusammen: Lisa, Anna, Rita, Marie, Sophie. Mit zwei liebreizend schlichten Silben stehen sie als Frontfrauen fest auf Braschs literarischer Bühne. Doch »Anna« hat es dem mystikaffizierten Sprachspieler auf besondere Weise angetan. Für Brasch ist dieser Name der Inbegriff des rätselhaft Schönen, Anziehenden, Unnahbaren. Denn Anna bleibt unbeeindruckt, unverrückbar sie selbst, gleichviel aus welcher (Lese-)Richtung man ihr begegnet. Dabei ist sie nicht nur Palindrom, sondern auch Anagramm. Anna und Nana, kindliches Verführspiel, das unversehens zur literarischen An-

spielung wird, mit oder ohne Blume, von Dostojewski über Schwitters bis Zola. Und nicht zuletzt: Im Namen Anna lebt buchstäblich das »Tier mit den zwei Rücken« (Shakespeare) – poetisches Bild für den Liebesakt, mit dem Brasch die »Nacht«-Gedichte seines *Schönen 27. September* überschrieb.

»Häng dort, mein Vers, sag für mein Lieben aus, / und du, gekrönte Königin der Nacht, / sieh keusch herab aus deinem Himmelshaus / auf die, die mich erjagt mit ihrer Macht ... Lauf los, Orlando, in den Wald schnitz, wie / so schön, so keusch, so unfaßbar ist sie.« Sie, das ist Rosalind, die Angebetete Orlandos in William Shakespeares Komödie *Wie es euch gefällt*. Thomas Brasch hat das dramatische Liebes-, Versteck- und Verwirrspiel Anfang der 1990er Jahre übersetzt. »Von Ost- nach Western-Indien / nichts schön wie Rosalindien«, dichtete er seinem englischen Vorbild nach: »Und wär ich von Geburt an blind, / ich säh vor mir nur Rosalind.«

Für die Uraufführung der Übersetzung im Jahr 1993 am Berliner Schillertheater entwarf Brasch, gemeinsam mit dem Bühnenbildner Ezio Toffolutti und der Dramaturgin Franziska Kötz, ein ungewöhnliches Programmheft. Statt der üblichen Zusammenstellung von Begleittexten, historischen Dokumenten und Szenenfotos konnten die Theaterbesucher ein *LiebesSpiel* erwerben: 32 taschenbuchgroße, kartonierte Spieltafeln, eingelegt in eine Mappe, auf deren Innenseiten die Mitwirkenden der Inszenierung aufgeführt waren. Jeweils eine Seite der Spieltafeln trug kolorierte Figurenzeichnungen, die andere pointierte Verssprüche: »... passen zwei ineinander oder füreinander oder aufeinander oder wäre es besser wir verpassen einander eins und zwar kräftig vielleicht ...«, »... rufst du auch manchmal Lieb mich wenn du Hilf mir meinst vielleicht lachst du auch manchmal über mich wenn ich dir glaube daß du weinst und ...« etc. Rhythmisierte, gereimte Texte, jedoch in Blocksatz gesetzt, jeweils ein- und ausgeleitet mit drei Punkten und nur lose verknüpft mit den Konjunktionen »und«, »aber«, »oder«, »vielleicht«. Ein offenes, unabschließbares Spiel ohne feste Regeln – *Wie es euch gefällt*. Das verdeutlichen auch die »4 Vorschläge zum Gebrauch«, die Brasch auf einer Sonderkarte formuliert hat. Das *LiebesSpiel* lebt von der beliebigen Kombinierbarkeit seiner 32 Texte und Bilder: Man kann es nach der Art eines Quartetts spielen, die Bildseiten zu einer Menschenlandschaft anordnen, sich oder einander einzelne Verse – als Fragen, als Antworten – vorlesen. Man kann es allein spielen oder mit anderen, im Restaurant oder auf dem Bahnhof, im Museum oder im Flur einer Behörde. Und was spräche dagegen, einzelne Karten an Bäume zu heften, um wie Orlando die lebenslang erhoffte Liebe zu finden – eine Rosalind?

LiebesSpiel erzählt viel über den Dichter Thomas Brasch: Über die Vorliebe zu einer Kunst, die gebraucht wird, die sinnlich und faßbar ist. Über den kräftigen, liebevollen, kreativen Umgang mit literarischen Vorbildern. Über die Lust am Komischen und den unkeuschen Flirt mit dem Kalauer. Über die Hingabe an den freien Lauf der Sprache, an die Buchstaben und Bilder, die mehr wissen als ihre Sprecher. Über die Verschränkung von Kunst und Leben im spielerischen Ernst des »als ob«. Über die verführerische Kraft der Phantasie. Über ihre lichten, munteren Facetten, wie sie auch in Gedichten von *Wer A wird, kann nie mehr B sagen* über *Liebeslied* bis *Und wenn wir nicht am Leben sind* zum Ausdruck kommen.

Ein bisher unbekannter Entwurf, aus dem Brasch später sein

LiebesSpiel entwickelte, ist in diesem Band zum ersten Mal veröffentlicht. *Spielverderberspiel* heißt der Untertitel jener frühen Skizze, ihre 32 Sätze sind – mit Blick auf die Zahl der Spieltafeln – noch durchnummeriert. Aber die Idee des Offenen und Unabschließbaren, das Prinzip der beliebigen Verknüpfbarkeit, die Lust an der Komik und am Sprachspiel – all das ist bereits in dem Entwurf unverkennbar enthalten und lässt ihn als eigenen Text bestehen.

Dieser hellen, heiteren Seite des Schreibens von Thomas Brasch stehen – in derselben sprachlichen Klarheit – nachtdunkle Texte gegenüber. Sie handeln von Einsamkeit, Schmerz, Angst, von Verzweiflung, Trauer, Bitternis, Wut. *Weil ich das Eigene verloren habe*, *Schließ die Tür und begreife*, *Jetzt ist auch der Himmel aus Stein* ... – Gedichte aus Liebe über die Abwesenheit von Liebe. »Wenn ich aus dem Internat nach Hause kam«, schreibt der ehemalige Kadettenschüler Thomas Brasch in einem Brief, »und plötzlich nicht mehr um 6.00 Uhr aufstehen mußte, nicht mehr strammstehen, schießen, prügeln, Angst haben, sondern ruhig unter Menschen leben, die sagten, daß sie mich lieben, begann mein Kaltes Herz sich zu erwärmen. Aber ich wußte, daß ich in zwei Wochen zurückfahren würde in diese Kaserne, in der ich nicht weinen wollte. Also befahl ich meinem Herz, sich nicht zu erwärmen, auf daß es nicht blute, wenn ich nach dem Urlaub wieder im Schlafsaal liegen würde, zwischen den weinenden Jungen, die sich die Decken über die Köpfe zogen, damit keiner es sähe. In den Stunden vor der Abfahrt ins Internat legte ich eine Glasglocke um mein Herz und hörte die Sätze meiner Mutter und meines Bruders, die von Liebe sprachen, wie durch eine Wand. Ich wollte nicht, daß sie mich erreichen, weil sie mich zerstört hätten.«

Brasch hat seine Ängste nicht mundtot gemacht. Er hat sie nicht eingehegt. Er trieb sie ins Offene, in die Öffentlichkeit der Literatur. Eine Flucht nach vorn, um nicht mit den eigenen Ängsten allein zu sein. Und zugleich ein Angriff auf eine Umgebung, die ihre Unzulänglichkeiten privatisiert und versteckt. Ein unendlicher Kraftakt, der lebend bezeugen und schreibend aufschließen will, wie das Eigene mit den Anderen zusammenhängt – mit Gesellschaft, Geschichte, Politik. »Du kannst dich lebendig sterben«, heißt es in einer nachgelassenen Notiz über die Sprache. Und die publizierte Fassung des *Mädchenmörders Brunke* endet mit den Postskripta: »Über jede Liebe kommt das Gesetz« und »Erzählen heißt atmen lernen«.
Diesem Projekt hat sich Brasch nach der Zeitenwende von 1989 verschrieben. *Mädchenmörder Brunke oder Die Liebe und ihr Gegenteil*, so der vollständige Titel, flieht vor dem tagesaktuellen Geplauder in eine andere Gegenwart, in einen anderen Umbruch, in eine fixe Idee: Karl Brunke soll Anfang des Jahrhunderts Pläne hinterlassen haben zum Bau einer Maschine, die es ermöglicht, unabhängig zu werden von der Liebe anderer Menschen, von der »Abwesenden Person«. Eine verschollene Erfindung, die dem späteren Doppelmörder einen historischen Platz neben Einstein und Freud hätte einräumen können. *Die Liebe und ihr Gegenteil* – so heißt auch das stets begonnene, nie vollendete, nicht schreibbare Stück Karl Brunkes. Von der sentimentalen Beschäftigung mit dem »Ort zwischen Verlust und Himmelreich« geht er über zu dessen gnadenloser Erforschung mithilfe der Liebesmaschine. Ein Architekt, der die Pläne für diesen Apparat Anfang der 1990er Jahre rekonstruierte und sich auf diese Weise aus dem Leben schuf, wird vorgestellt als das »ergreifende Beispiel einer Zeit«, die das menschliche Bedürfnis,

»in der Zweisamkeit die Einsamkeit zu überwinden, in ihr Gegenteil verkehrt hat«.
Braschs Brunke ist ein großer poetischer Lebensentwurf. Obwohl überwiegend in Prosa geschrieben, sind im Umfeld dieser Arbeit auch Gedichte entstanden. Sie sind hier, soweit auffindbar, zum ersten Mal vollständig versammelt. Gedichte aus Liebe über die Liebe und ihr Gegenteil – selbst wenn dieser Bezug manchmal erst auf den zweiten Blick ersichtlich ist. Auch das Frontispiz am Beginn dieses Bandes steht in Zusammenhang mit Brunke. Denn Thomas Brasch hatte jenes *Bildnis einer jungen Dame* – ein Werk des niederländischen Malers Petrus Christus aus dem 15. Jahrhundert – als Reproduktion in seinen Arbeitsräumen angebracht, während er an dem Buch über *Die Liebe und ihr Gegenteil* schrieb. Das Gemälde mit dem auffordernd abweisenden Blick jener »Jungen-Dame« wurde ihm zum Ausgangspunkt zahlreicher Szenen- und Figurenphantasien.

Beim letzten seiner nicht realisierten Entwürfe zu einem Gedichtband spielte Brasch, im Jahr vor seinem Tod, mit dem Gedanken, die Brunke-Gedichte als Leitfaden einer Sammlung von Texten aus über vierzig Jahren zu verwenden. Der zu einem vieldeutigen »B.« reduzierte Brunke sollte – so die Vorstellung – die Leser wie durch ein leeres Theater führen, ihnen die Türen zu Logen, Foyers, Bühnen, Katakomben öffnen, hinter denen dann Gedichte auftreten, die die vielfältigen Denk- und Schreibräume Thomas Braschs vorstellen.
Den Auftakt – oder das Ende – sollte *B.s* alias *Brunkes Lieblingsgedicht* bilden, das von einer Frau handelt, die mit blutigen Händen auf dem Flur einer Schule steht, neben ihr der tote Brunke mit seinem Füllfederhalter in der Hand. »Über

das Motiv / der Mörderin schweigt das Gedicht«, wird lapidar mitgeteilt. Aber »es« – das Motiv? das Gedicht? – sei gereimt und klinge wie eine »geheime schöne Melodie«, sein Titel heißt: »Vergißmichnie.«
»Die ganze Welt ist eine Bühne«, stand am Eingang des Londoner Globe Theatre. Shakespeare, der den Spruch in *Wie es euch gefällt* aufnahm, ergänzte ihn um die Worte »und Fraun wie Männer nichts als Spieler«. Am Beginn seiner Führung durch die dichterischen Räume Thomas Braschs hätte Karl Brunke, der gescheiterte Autor des Stücks über *Die Liebe und ihr Gegenteil*, einen Zettel hervorholen und verlesen können, den er unter Braschs Papieren fand und auf dem in der Handschrift des nächtlichen Spielers und täglichen Kämpfers steht:

Drei Wünsche haben Kinder aber Sieben
Verwünschungen haben die Helden frei
wär lieber Held geworden oder
Kind geblieben

Inhalt

Asche und Diamant 7
Wenn die schnellen Winde wehn 8
Wenn ich dich begehre gegen jede Vernunft 9
Was ich habe, will ich nicht verlieren, aber 10
Was ich mir wünsche 11
Sie hat einen Mann, sagt sie und 12
Oft bist du der, den ich liebe 13
Du willst, denke ich, so geliebt sein 14
Anna 15
Die große Ruhe alter Morde 16
Brunke hat bei Frauen kein Glück 17
Wenn er ausgeht trägt Brunke einen blauen Anzug 18
Brunke geht weil er sich bewegen will 19
Ich bin der Schauspieler Brunke 20
Brunke verkleidet 21
Brunke sagt: Klammer auf Klammer zu 22
Brunke hat Angst 23
Antworten Sie, Herr Brunke! 24
Jetzt ist Brunke 25
Brunke will 26
Brunkes Lieblingsgedicht 27
Schlaflied für K. 28
Vita 29
Halb Schlaf 31
Vor Wort für Heine 32
Mein Lehrer W. N. 33
Der Tod des Isaac Babel 34
3 Wünsche für C. W. 35
Meinland lieben, aber hassen 36

Und wenn wir nicht am Leben sind 37
Die Reime sind schön sie belügen dich 38
Das unmögliche Gedicht 39
Den eigenen Worten aus dem Sinn 40
Das Fürchten nicht und nie das Wünschen 41
Schließ die Tür und begreife 42
Weil ich das Eigene verloren habe 43
Mein Beruf heißt mich nicht verstecken 44
Von heute auf morgen und umgekehrt 45
Ich habe die Nacht geträumet 46
Zwei auf einer Reise 47
Kommst du jetzt endlich mit dem Zug? 48
So lehrten sie einander aus dem Weg zu gehn 49
Wie es euch gefällt 50
Was ist los, Mann was ist los 54
Ist denn kein Wort in meiner Sprache 55
Wann schreibt man ein erotisches Gedicht? 56
Liebeslied 57
Maria Hilf 58
Ich hatte an Liebe gedacht 59
Selbstkritik 4 60
Die unruhige Wüste 61
Das Nein-Lied 62
Ein Ende 63
Sechs Sätze über Sophie 64
Der Maler 65
Einzug 66
Die Geheimnisse 67
Zwei Häuser drin zwei offne Fenster 68
Jetzt ist auch der Himmel aus Stein 69
Am zwölften Tag schien ihm, als schwemmten 70

Meine Großmutter 71
Wer durch mein Leben will, muß durch mein Zimmer 73
Wer A wird, kann nie mehr B sagen 74
Woyzecks Tanzlied 75
Sein Stuhl ist leer 76
Dornröschen und Schweinefleisch 77

Editorische Notiz 79
Nachweise und Datierungen 80
Wie es uns gefällt 83
Nachwort 87

Bibliothek Suhrkamp

Alphabetisches Verzeichnis

Achmatowa: Gedichte 983
Adler: Pechrabenschwarz 1490
– Rennboot 1480
Adonis/ Analis: Unter dem Licht der Zeit 1391
Adorno: Minima Moralia 236
– Traumprotokolle 1385
Agamben: Idee der Prosa 1360
– Kindheit und Geschichte 1379
Agnon: Buch der Taten 1276
– Der Verstoßene 990
– Liebe und Trennung 1293
Aiken: Fremder Mond 1014
Alain: Die Pflicht, glücklich zu sein 470
Alain-Fournier: Jugendbildnis 23
Alberti: Zu Lande zu Wasser 60
– Der verlorene Hain 1270
Anders: Tagesnotizen 1405
Anderson: Winesburg, Ohio 1330
Anderson/ Stein: Briefwechsel 874
Andrić: Der verdammte Hof 1349
Aragon: Der Pariser Bauer 1213
Arguedas: Diamanten und Feuersteine 1354
Arlt: Das böse Spielzeug 1406

Bachmann: Malina 534
Barnes: Antiphon 241
– Nachtgewächs 1441
Barón Biza: Die Wüste und ihr Samen 1506
Barthes: Die helle Kammer 1448
– Die Lust am Text 378
Baselitz/ Kluge: Weltverändernder Zorn 1501
Bayen: Die Verärgerten 1411
Becker, Jürgen: Beispielsweise am Wannsee 1112
– Dorfrand mit Tankstelle 1420
Becker, Jurek: Bronsteins Kinder 1253
– Jakob der Lügner 510
Beckett: Das letzte Band/ Krapp's Last Tape/ La dernière bande 1211
– Der Ausgestoßene 1163
– Disjecta 1452
– Endspiel/ Fin de partie/ Endgame 1224
– Erste Liebe/ Premier amour 277
– Erzählungen und Texte um Nichts 82
– Mehr Prügel als Flügel 1000
– Proust 1532
– Trötentöne/ Mirlitonnades 1392
– Warten auf Godot 1040
Begley: Lügen in Zeiten des Krieges 1380
Benet: Der Turmbau zu Babel 1154
– Ein Grabmal/ Numa 1026
Benjamin: Berliner Kindheit um neunzehnhundert 966
– Einbahnstraße 27
– Träume 1433
Beradt: Das Dritte Reich des Traums 1496
Berlin: Der Igel und der Fuchs 1442
Bernhard: Alte Meister 1120
– An der Baumgrenze 1453
– Das Kalkwerk 1320
– Der Theatermacher 870
– Die Macht der Gewohnheit 415
– Heldenplatz 997
– Holzfällen 927
– Verstörung 229
– Wittgensteins Neffe 788
Beuys: Mysterien für alle 1492
Beyer: Flughunde 1412
Białoszewski: Erinnerungen aus dem Warschauer Aufstand 1508
Bichsel: Der Busant 1282
– Eigentlich möchte Frau Blum den Milchmann kennenlernen 1125, 1561
– Zur Stadt Paris 1179
Biermann: Mensch Gott! 1523
Bioy Casares: Abenteuer eines Fotografen in La Plata 1188
– Ein schwankender Champion 1258
Bitow: Georgisches Album 1498
– Leben bei windigem Wetter 1526
Blais: Drei Nächte, drei Tage 1516
Blanchot: Warten Vergessen 139
Blecher: Aus der unmittelbaren Unwirklichkeit 1367
– Beleuchtete Höhle 1434

– Vernarbte Herzen 1399
Bloch: Spuren. Erweiterte Ausgabe 54
– Zur Philosophie der Musik 398
Blumenberg: Begriffe in Geschichten 1303
– Die Sorge geht über den Fluß 965
– Löwen 1454
– Matthäuspassion 998
– Quellen, Ströme, Eisberge 1469
– Schiffbruch mit Zuschauer 1263
Bond: Lear 322
Borbély: Berlin-Hamlet, Gedichte 1511
Borchardt: Ausgewählte Gedichte 213
– Jamben 1386
– Rudolf Borchardts Leben von ihm selbst erzählt 1350
Born: Gedichte 1042
Bouchet, du: Vakante Glut/ Dans la chaleur vacante 1021
Bove: Armand 792
– Bécon-les-Bruyères 872
– Die Falle 1174
– Meine Freunde 744
Bowles: Zu fern der Heimat 1257
Brandys: Die Art zu leben 1036
Brasch: Der schöne 27. September 1373
– Vor den Vätern sterben die Söhne 1355
– Was ich mir wünsche 1413
Braun: Der Stoff zum Leben 1–4 1447
– Die Unvollendete Geschichte und ihr Ende 1277
– Unvollendete Geschichte 648
Brecht: Die Dreigroschenoper 1155
– Flüchtlingsgespräche 1274
– Furcht und Elend des III. Reiches 1271
– Gedichte über die Liebe 1161
– Gedichte und Lieder 33
– Geschichten vom Herrn Keuner 1366
– Kalendergeschichten 1343
– Me-ti, Buch der Wendungen 228
Breton: L'Amour fou 435
– Nadja 1351
Broch: Demeter 199
– Die Erzählung der Magd Zerline 204
– Hofmannsthal und seine Zeit 1342
– Huguenau oder die Sachlichkeit 187
Brodsky: Haltestelle in der Wüste 1266
Bryce Echenique: Ein Frosch in der Wüste 1361
Bufalino: Das Pesthaus 1019
– Der Ingenieur von Babel 1107
– Die Lügen der Nacht 1130
– Klare Verhältnisse 1202
Butor: Die Wörter in der Malerei 1093
Byatt: Zucker 1194

Cage: Silence 1193
– Empty Mind 1472
Calasso: Die Literatur und die Götter 1503
Calle: Das Adressbuch 1510
– Wahre Geschichten 1519
Camus: Die Pest 771
Capote: Die Grasharfe 62
Carpentier: Barockkonzert 508
– Das Reich von dieser Welt 1381
Carrington: Das Haus der Angst 1427
– Das Hörrohr 901
Castellanos: Die Tugend der Frauen von Comitán 1296
Celan: Der Meridian und andere Prosa 485
– Gedichte 1461
– Gedichte 1938-1944 933
– Gedichte I 412
– Gedichte II 413
– Lichtzwang 1143
– Schneepart 1250
Ceronetti: Schweigen des Körpers 810
Christensen: Das gemalte Zimmer 1218
– Das Schmetterlingstal 1295
Cioran: Leidenschaftlicher Leitfaden 1273
– Leidenschaftlicher Leitfaden II 1478
– Widersprüchliche Konturen 898
Conrad: Ein Lächeln des Glücks 1368
– Falk 1235
Cortázar: Andrés Favas Tagebuch 1319
– Der Verfolger 999
Cortázar/ Dunlop: Die Autonauten auf der Kosmobahn 1481
Crevel: Der schwierige Tod 987
Cunqueiro: Chroniken des Kantors 1217
Cusk: Coventry 1531

Dalos: Die Beschneidung 1251
Depestre: Hadriana in all meinen Träumen 1252
Derrida/ Montaigne: Über die Freundschaft 1331

Desnoes: Erinnerungen an die Unterentwicklung 1435
Döblin: Berlin Alexanderplatz 451
Dorst: Fernando Krapp 1158
– Klaras Mutter 1031
Du kamst, Vogel, Herz, im Flug; Spanische Lyrik der Gegenwart 1378
Dumézil: Der schwarze Mönch in Varennes 1017

Eça de Queiroz: Das Jahr 15 595
Eich: Gedichte 368
– Gesammelte Maulwürfe 312
– Träume 16
Eliade: Auf der Mântuleasa-Straße 328
Eliot: Old Possums Katzenbuch 10
– Das wüste Land 425
– Vier Quartette/ Four Quartets 1493
Ellmann: Vier Dubliner – Wilde, Yeats, Joyce und Beckett 1131
Elytis: Neue Gedichte 843
– Oxópetra/ Westlich der Trauer 1344
Enzensberger: Kiosk 1256
– Mausoleum 602
Erb: Das ist hier der Fall 1520
Ernaux: Das andere Mädchen 1539
– Das Ereignis 1525
– Der Platz 1509
– Die Jahre 1502
– Die leeren Schränke 1549
– Die Scham 1517
– Eine Frau 1512
– Eine Leidenschaft 1553
Esterházy: Hilfsverben des Herzens 1374

Farrochsad: Jene Tage 1128
Flake: Nietzsche 698
Fleißer: Abenteuer aus dem Englischen Garten 223
– Das Mädchen Yella 1109
– Die List 1247
– Ein Pfund Orangen 375
Frame: Wenn Eulen schrein 991
Frisch: Andorra 101
– Biedermann und die Brandstifter 1075
– Bin oder die Reise nach Peking 8
– Biografie: Ein Spiel 225
– Biografie: Ein Spiel, Neue Fassung 873
– Blaubart 882
– Fragebogen 1095
– Homo faber 87
– Montauk 581
– Skizze eines Unglücks 1443
– Tagebuch 1966–1971 1015
Fritz: Die Schwerkraft der Verhältnisse 1537
Fuentes: Der alte Gringo 1284

Gadamer: Über die Verborgenheit der Gesundheit 1135
– Wer bin Ich und wer bist Du? 352
Gadda: An einen brüderlichen Freund 1061
– Die Liebe zur Mechanik 1096
García Lorca: Bluthochzeit. Yerma 454
– Diwan des Tamarit/ Diván del Tamarit 1047
– Dichter in New York/ Poeta en Nueva York 1393
– Gedichte 544
– Zigeunerromanzen 1356
Gelléri: Budapest und andere Prosa 237
Ginsburg: Aufzeichnungen eines Blockademenschen 1482
Giraudoux: Eglantine 19
Goetz: Irre 1428
Goytisolo: Rückforderung des Conde don Julián 1187
Grass: Katz und Maus 1332
– »Wir leben im Ei« 1387
Graves: Das kühle Netz/ The Cool Web 1032
Grünbein: Der Misanthrop auf Capri 1394
Guimarães: Doralda, die weiße Lilie 775

Habermas: Vom sinnlichen Eindruck zum symbolischen Ausdruck 1233
Hänny: Flug 1414
Hafner: Erste und letzte Gedichte 1513
Handke: Die Angst des Tormanns beim Elfmeter 612
– Die Stunde der wahren Empfindung 773
– Die Wiederholung 1001
– Drei Versuche 1300
– Gedicht an die Dauer 930
– Mein Tag im anderen Land 1524
– Noch einmal für Thukydides 1421
– Phantasien der Wiederholung 1230
– Wunschloses Unglück 834

– Zwiegespräch 1536
Hartlaub: Aufzeichnungen aus dem Führerhauptquartier 1540
– Aus Hitlers Berlin 1489
– Kriegsaufzeichnungen aus Paris 1462
– Italienische Reise 1473
Haupt: Vorhut 1415
Hedayat: Die blinde Eule 1248
Heijden: Treibsand urbar machen 1429
Hein: Der Ort. Das Jahrhundert 1369
Heißenbüttel: Über Benjamin 1430
Hemingway: Der alte Mann und das Meer 214
Herbert: Ein Barbar in einem Garten 536
– Inschrift 384
– Herr Cogito 416
– Opfer der Könige 1311
– Stilleben mit Kandare 1228
Hesse: Demian 95
– Eigensinn 353
– Glück 344
– Klingsors letzter Sommer 608
– Knulp 75
– Krisis 747
– Legenden 472
– Mein Glaube 300
– Morgenlandfahrt 1
– Musik 1142
– Narziß und Goldmund 65
– Peter Camenzind 1346
– Politische Betrachtungen 244
– Siddhartha 227
– Steppenwolf 869
– Stufen 342
– Unterm Rad 981
– Wanderung 444
– Zauberer 1341
Hesse/Zweig: Briefwechsel 1407
Hessel: Pariser Romanze 877
Hikmet: Die Romantiker 1436
Hildesheimer: Biosphärenklänge 533
– Exerzitien mit Papst Johannes 647
– Lieblose Legenden 84
– Mitteilungen an Max über den Stand der Dinge und anderes 1100
– Mozart 1136
– Vergebliche Aufzeichnungen 516
Hofmannsthal: Gedichte und kleine Dramen 174
Hohl: Bergfahrt 1484
– Die Notizen 1483
– Die seltsame Wendung 1550
– Nächtlicher Weg 1487
– Nuancen und Details 1485
– Vom Erreichbaren und vom Unerreichbaren 1486
Hrabal: Heft ungeteilter Aufmerksamkeit 1241
– Schneeglöckchenfeste 715
– Tanzstunden für Erwachsene und Fortgeschrittene 548
Huch: Der letzte Sommer 545
Huchel: Gedichte 1018
Hughes: Birthday Letters 1363
– Etwas muß bleiben 1352
Hyvernaud: Der Viehwaggon 1422
– Haut und Knochen 1456

Ibargüengoitia: Augustblitze 1104
– Abendstunden in der Provinz 1316
– Die toten Frauen 1059
Inoue: Das Jagdgewehr 137
– Das Tempeldach 709
– Die Berg-Azaleen auf dem Hira-Gipfel 666
– Shirobamba 1279
Isherwood: Praterveilchen 1287

Jahnn: Die Nacht aus Blei 1318
– 13 nicht geheure Geschichten 1301
Johnson: Mutmassungen über Jakob 723
– Skizze eines Verunglückten 1443
Jokl: Essenzen 1259
Jonke: Schule der Geläufigkeit 1401
Josipovici: Moo Pak 1457
Jouve: Paulina 1880 271
Joyce, James: Anna Livia Plurabelle 253
– Die Toten/The Dead 512
– Dubliner 418
– Geschichten von Shem und Shaun 1468
– Giacomo Joyce 240
– Porträt des Künstlers als junger Mann 350
– Verbannte 217
Joyce, Stanislaus: Meines Bruders Hüter 1375

Kadri: Der Fremdling 994
Kanai: Leichter Schwindel 1556
Kästner, Erhart: Die Lerchenschule 1242

– Zeltbuch von Tumilat 382
Kästner, Erich: Gedichte 677
Kafka: Betrachtungen 1239
– Die Verwandlung 351
– Die Zürauer Aphorismen 1408
– Strafen 1346
Kasack: Die Stadt hinter dem Strom 296
Kaschnitz: Beschreibung eines Dorfes 645
– Gedichte 436
Kavafis: Gefärbtes Glas 1337
– Um zu bleiben 1020
Kawabata: Schneeland 1376
Kawerin: Vor dem Spiegel 1298
Kertész: Der Spurensucher 1357
Keyserling: Harmonie 784
Kinsky: Weiter Sehen 1544
Kiš: Garten, Asche 878
Kling: Sondagen 1500
Kluge: Lebensläufe 911
Kluge/Kiefer: »Klugheit ist die Kunst, unter verschiedenen Umständen getreu zu bleiben« 1557
Kluge/ Richter: Dezember 1460
– Nachricht von ruhigen Momenten 1477
Ko Un: Die Sterne über dem Land der Väter 1395
Koch: Altes Kloster 1106
Koeppen: Das Treibhaus 659
– Die Jawang-Gesellschaft 1338
– Drei Romane (Tauben im Gras, Das Treibhaus, Der Tod in Rom) 926
– Eine unglückliche Liebe 1085
– Ich bin gern in Venedig warum 1208
– Jugend 500
– Tauben im Gras 393
Köhler: Schriftstellen 1554
Kolb: Daphne Herbst 1245
Kolmar: Die jüdische Mutter 1370
– Gedichte 815
– Welten 1309
Konrád: Heimkehr 1281
Kosztolányi: Lerche 1423
Kracauer: Straßen in Berlin 1449
Kraus: Die Sprache 1244
– Die letzten Tage der Menschheit 1091
Krolow: Meine Gedichte 1037
Kronauer: Frau Melanie, Frau Martha und Frau Gertrud 1397
Krüger: Das zerbrochene Haus 1066
Kubin: Die andere Seite 1444
Kyrklund: Vom Guten 1076

Langgässer: Das Labyrinth 1176
Lasker-Schüler: Arthur Aronymus 1002
– Der Prinz von Theben 1226
– In Theben geboren 1275
– Mein Herz 520
Lavant: Gedichte 970
Lawrence: Der Mann, der Inseln liebte 1044
Ledig: Die Stalinorgel 1333
Leiris: Mannesalter 427
Lemebel: Torero, ich hab Angst 1551
Lenz: Der Kutscher und der Wappenmaler 428
– Die Augen eines Dieners 1264
– Neue Zeit 1450
– Spiegelhütte 1323
– Vielleicht lebst du weiter im Stein 1371
Lipuš: Boštjans Flug 1470
– Die Verweigerung der Wehmut 1533
Lispector: Wo warst du in der Nacht 1234
Lorenc: Gedichte 1476

Maass: Die unwiederbringliche Zeit 866
Machfus: Das Hausboot am Nil 1382
Mandelstam, Nadeschda: Anna Achmatowa 1465
Mandelstam, Ossip: Reise nach Armenien 801
Mann, Thomas: Schriften zur Politik 243
Manto: Schwarze Notizen 1409
Mayer, Hans: Ansichten von Deutschland 984
– Der Weg Heinrich Heines 1283
– Reden über Deutschland 1216
Mayröcker: Benachbarte Metalle 1304
– da ich morgens und moosgrün. Ans Fenster trete 1515
– Das Herzzerreißende der Dinge 1048
– Pathos und Schwalbe 1504
Meier, Gerhard: Borodino 1417
– Die Ballade vom Schneien 1418
– Land der Winde 1268
– Toteninsel 1416
Meister: Gedichte 1458
Mendoza: Das Jahr der Sintflut 1243

Michaux: Ein gewisser Plume 902
Michon: Die Elf 1474
– Die Grande Beune 1463
– Körper des Königs 1491
– Leben der kleinen Toten 1475
– Rimbaud der Sohn 1437
Minder: Wozu Literatur? 275
Mitscherlich: Die Idee des Friedens und die menschliche Aggressivität 233
Modiano: Eine Jugend 995
Montherlant: Die Junggesellen 805
Morselli: Dissipatio humani generis 1529
Müller, Heiner: Germania 1377
– Ende der Handschrift 1335
– Traumtexte 1445
Müller/Sophokles: Philoktet 1402
Mulisch: Das steinerne Brautbett 1192
Munyol: Der Dichter 1439
Murnane: Die Ebenen 1499
– Grenzbezirke 1507
– Inland 1534
– Landschaft mit Landschaft 1514
Muschg: Dreizehn Briefe Mijnheers 920
– Leib und Leben 880
– Liebesgeschichten 727
– Noch ein Wunsch 1127

Nabokov: Pnin 1289
NDiaye: Mein Herz in der Enge 1464
Neruda: Gedichte 99
Nescio: Werke 1497
Nijhoff: Stunde X 859
Nizon: Canto 1116
– Das Jahr der Liebe 845
– Stolz 617
– Untertauchen 1328
Nooteboom: Abschied 1522
– Das Gesicht des Auges/Het gezicht van het oog 1223
– Buddha hinter dem Bretterzaun 1189
– Der Ritter ist gestorben 1286
– Die folgende Geschichte 1141
– Ein Lied von Schein und Sein 1024
– Mönchsauge 1505
Nossack: Der Untergang 523
– Spätestens im November 331
– Um es kurz zu machen 1265
– Unmögliche Beweisaufnahme 49

Ocampo: Die Furie und andere Geschichten 1051
Ôe: Der Tag, an dem Er selbst mir die Tränen abgewischt 396
Örkény: Minutennovellen 1358
Özlü: Suche nach den Spuren eines Selbstmordes 1558
O'Kelly: Das Grab des Webers 177
Onetti: Abschiede 1175
– Der Schacht 1007
– Grab einer Namenlosen 976
– Magda 1262
– Wenn es nicht mehr wichtig ist 1299
Oppenheim: Träume 1459
Oz: Herr Levi 1206
– Sumchi 1347

Palinurus: Das ruhelose Grab 1388
Parsipur: Frauen ohne Männer 1471
Paulhan: Der beflissene Soldat 1182
Pavese: Der schöne Sommer 1238
– Der Teufel auf dem Hügel 1255
– Die einsamen Frauen 1227
– Junger Mond 111
Paz: Das Labyrinth der Einsamkeit 404
– Der sprachgelehrte Affe 530
– Die doppelte Flamme 1200
– Im Lichte Indiens 1308
Penzoldt: Squirrel 46
Percy: Der Kinogeher 903, 1494
Pérez Galdós: Miau 814
Petrowskaja: Das Foto schaute mich an 1535
Pieyre de Mandiargues: Schwelende Glut 507
Pilnjak: Das nackte Jahr 746
Pinget: Passacaglia 1084
Pla: Das graue Heft 1424
Plath: Ariel 380
– Das Herz steht nicht still 1541
– Die Glasglocke 1221
Plenzdorf: Die neuen Leiden des jungen W. 1028
Ponge: Das Notizbuch vom Kiefernwald und La Mounine 774
Prigow: Katja chinesisch 1542
Proust: Combray 1321
– Briefwechsel mit der Mutter 239
– Eine Liebe Swanns 1185
– Freuden und Tage 1297

Queneau: Heiliger Bimbam 951
– Stilübungen 1419, 1495

Ramos: Angst 570
Remisow: Die Geräusche der Stadt 1204
– Gang auf Simsen 1080
Reve: Der vierte Mann 1132
Richter/ Kluge: Dezember 1460
– Nachricht von ruhigen Momenten 1477
Rilke: Ausgewählte Gedichte 184
– Briefe an einen jungen Dichter 1022
– Bücher. Theater. Kunst 1068
– Das Testament 414
– Die Aufzeichnungen des Malte Laurids Brigge 343
– Duineser Elegien 468
– Mitten im Lesen schreib ich Dir 1291
Ritsos: Gedichte 1077
– Monovassiá 1446
Roa Bastos: Die Nacht des Admirals 1314
Robbe-Grillet: Der Augenzeuge 931
– Die blaue Villa in Hongkong 1169
Rodoreda: Aloma 1056
– Der Fluß und das Boot 919
Rojas: Der Sohn des Diebes 829
Rosales: Boarding Home 1383
Rose aus Asche: Gedichte 734
Rosenzweig: Der Stern der Erlösung 973
Rothmann: Milch und Kohle 1440
– Stier 1364
– Theorie des Regens 1545
Ruefle: Mein Privatbesitz 1527
Rühmkorf: Lethe mit Schuß 1285
Rulfo: Der Llano in Flammen 504
– Pedro Páramo 434

Sá-Carneiro: Lúcios Bekenntnis 1267
Sachs: Gedichte 549
Šalamun: Steine aus dem Himmel 1546
Salinas: Gedichte 1049
Savinio: Kindheit des Nivasio Dolcemare 1168
– Tragödie der Kindheit 1310
Schmidt, Arno: Das steinerne Herz 1353
– Die Gelehrtenrepublik 1410
– Seelandschaft mit Pocahontas 1365
– Traumflausn 1432
Schmidt/ Mahler: Schwarze Spiegel 1528
Schneider: Verhüllter Tag 685
Scholem: Die Geheimnisse der Schöpfung 1455
– Judaica 1 106
– Judaica 2 263
– Judaica 3 333
– Judaica 4 831
– Judaica 5 1111
– Judaica 6 1269
– Walter Benjamin – die Geschichte einer Freundschaft 467
Seelig: Wanderungen mit Robert Walser 554
– Wanderungen mit Robert Walser 1521
Seferis: Ionische Reise 1403
– Poesie 962
– Sechs Nächte auf der Akropolis 1147
Semprun: Die Ohnmacht 1339
Sender: Der König und die Königin 305
Setz: Das All im eignen Fell 1559
Shaw: Die Abenteuer des schwarzen Mädchens auf der Suche nach Gott 1029
– Die heilige Johanna 295
– Ein Wagner-Brevier 337
– Frau Warrens Beruf 918
Simenon: Der Präsident 679
Simon: Das Seil 134
– Die Akazie 1302
Sokolow: Die Schule der Dummen 1123
Sophokles: s. Müller/ Sophokles
Stein: Erzählen 278
– Paris Frankreich 452
– Q.E.D. 1055
Stein/ Anderson: Briefwechsel 874
Steiner: Schnee bis in die Niederungen 1070
Stepanova: Winterpoem 20/21 1547
Sternberg: Der Dichter und die Ratio 1488
Strauß: Gedankenfluchten 1326
Suhrkamp: Der Leser 55
– Munderloh 37
Sullivan: Vollblutpferde 1543
Svevo: Ein Mann wird älter 301
Szymborska: Augenblick/ Chwila 1396
– Deshalb leben wir 697

Thomas: Das Vorgebirge 1431
Thomsen: Store Kongensgade 23 1552
Thoor: Gedichte 424

Trakl: Gedichte 420
Treichel: Der Felsen, an dem ich hänge 1389
Trifonow: Zeit und Ort 860
Tumler: Der Mantel 1438

Ullmann: Ausgewählte Erzählungen 651
Ungaretti: Gedichte 70
– Das verheißene Land 1261
Unseld: Briefe an die Autoren 1384
– Hundert Briefe 1560
– Reiseberichte 1451
Updike: Der weite Weg zu zweit 1231
Upward: Reise an die Grenze 1390

Valéry: Leonardo da Vinci 1306
– Monsieur Teste 1191
– Tanz, Zeichnung und Degas 6
Van de Velde: Knisternde Schädel 1548
Vilariño: An Liebe 1398

Waginow: Auf der Suche nach dem Gesang der Nachtigall 1094
Waldrop: Pippins Tochters Taschentuch 1518
Walser, Martin: Ein fliehendes Pferd 819
– Ohne einander 1181
Walser, Robert: Der Spaziergang 593
– Jakob von Gunten 515
– Mikrogramme 1467
Wedekind: Lulu – Die Büchse der Pandora 1315
Weiß, Ernst: Jarmila 1288
Weiss, Peter: Abschied von den Eltern 700
– Das Gespräch der drei Gehenden 1219
– Fluchtpunkt 797
Weöres: Der von Ungern 1063
Wiechert: Der Totenwald 1425
Williams: Die Worte, die Worte 76
Wittgenstein: Betrachtungen zur Musik 1530
– Logisch-philosophische Abhandlung 1322
– Philosophische Untersuchungen 1372
– Über Gewißheit 250
Wolf: Kein Ort. Nirgends 1479
– Nachdenken über Christa T. 1404
Wolfe: Der verlorene Knabe 1272
Woolf: Die Wellen 1237

Yacine: Nedschma 116
Yeats: Die geheime Rose 433
Yishar: Ein arabisches Dorf 1305

Zarin: Inverno 1555
Zweig: Schachnovelle 1348
Zweig/ Hesse: Briefwechsel 1407
Zwetajewa: Auf eigenen Wegen 953
– Ein Abend nicht von dieser Welt 1317
– Ein gefangener Geist 1009
– Mutter und die Musik 941